Why women make better leaders?

ギンカ・トーゲル
Ginka Toegel
小崎亜依子＋林寿和 訳・構成

女性が管理職になったら読む本

「キャリア」と「自分らしさ」を両立させる方法

日本経済新聞出版社

はじめに

この本は、多くの課題を乗り越え、「自分らしい」キャリアを築いていきたい、と願うすべての女性に贈る本です。また、女性のキャリアを応援したいと願う、男女を問わないすべての人たちに向けた本でもあります。

女性がキャリアを築いていこうとしたとき、そこには、男性以上にさまざまな問題や課題が生じますが、それはなぜでしょうか。

たとえば、本書では、次のような課題や疑問を取り上げています。

・なぜ、できる女性は嫌われるのか?
・そもそも女性は、リーダーには向いていないのか?
・女性が、なかなか昇格しないのはなぜか?

・女性自身の行動をも制限してしまう「無意識バイアス」とは何か？
・リーダーになった女性が直面しがちなリスクとは？
・なぜ、女性は完璧なロールモデルを欲しがるのか？
・男性と比べて、女性に不足しがちなスキルとは？

私は、スイスのビジネススクール・IMDで、企業や政府、NPO（民間非営利団体）などに勤める女性管理職に対して、組織のなかで自分らしく、かつ、成果を出しながら歩み続けるための気づきを提供し、そのためのスキルを育む教育プログラム「ストラテジーズ・フォー・リーダーシップ（Strategies for Leadership）」を主宰しています。

業績を高め、より効果的にリーダーシップを発揮したい。より大きな責任や高い地位での仕事を担いたい。よりよい人生を望み、世界中の女性たちと絆を築きたい。そういった目的を持つ場で、さまざまな業界や組織に属し、さまざまな文化的背景を持つ女性たちを支援してきました。

また、「真の意味で女性が本来の力を発揮し、組織の発展に貢献するようになるには、どんな取り組みが必要か」といったアドバイスも、さまざまな組織に対して行っています。

本書では、そうした経験を通じて得たことや、心理学から経営学まで幅広い分野での世界最先端の研究成果などを交えながら、「女性だけに立ちはだかる問題や課題が、なぜ生じるのか」という問題にフォーカスし、その原因や背景を一つひとつ紐解いていきます。

なぜそうした問題や課題が生じるのか、その理由がわかれば、恐れることなく解決に向けた一歩が踏み出せるはずです。本書が、「自分らしいキャリアを伴う、充実した人生を歩みたい」と考えている女性たちの一助になれば幸いです。

女性が管理職になったら読む本

目　次

第1章 女性であることが、あなたの強み

第2章 なぜ女性は評価されないのか

第3章 性格は変えられないが、行動は変えられる

第4章 キャリアを前進させる8つのアドバイス

女性に不足しがちなスキルとは

1 構想力がないと見なされがち

2 ネットワークを活用するのが苦手

卓越したネットワーカーに学べ

3 「常に」すべては手に入らない――キャリア移行のマネジメント

赤ちゃんより10代の子どものほうが大変

女性には無数のキャリア・パターンがある

4 もっと上司に要求しよう

5 会議に参加するときに心がけること

6 影響の与え方はひとつではない

答えはあなたのなかにある

7 ロールモデルはキャリアのあらゆる段階で必要

さまざまな人の良い面を「部分的」にものにする

完璧なロールモデルは求めない

装幀 松田行正

第1章

女性であることが、あなたの強み

「男性のように振る舞う」という落とし穴

責任のある仕事に就いたとき、あるいは就くことになったとき、女性の多くは、「リーダーシップを発揮して組織を引っ張っていくためには、男性のように振る舞わなければならない」という思い込みに駆られているようです。

「リーダーは野心的で競争心があり、大きな自信を持つとともに自立的で、積極的に自己主張する」といったイメージを、男女を問わず多くの人が持っており、そうした特性の多くが男性的なものだと見なされているからです。

しかし、いま私たちが直面している現実は、次のとおりです。

「女性的な資質こそ、いまリーダーに求められている」

多くの人は、信じられないと思うでしょう。そもそも、性別とリーダーシップとのあいだに何らかの関係や傾向があること自体、あまり考えたことがないかもしれません。

しかし、「男性のように振る舞う」といった思い込みこそが、働く女性、特に責任ある仕事に就いている女性にとって大きな落とし穴になっています。

女性だけが抱えている課題

もちろん、野心的で競争心があり、自立していて積極的に自己主張する女性もいます。しかし、女性がそうした特性を男性のようにそのまま前面に押し出してしまうと、周囲の人たちから受け入れられるどころか、反発を招いてしまうことがあります。

着せ替え人形の「バービー」などで知られる米玩具メーカー大手マテル社のCEO(最高経営責任者)を3年で辞任したジル・バラドさんも、そうした女性リーダーのひとりです。彼女は「会社の成長を支えてきた人たちをないがしろにした」として厳しく批判されました(注1)。

これに対して、ディズニーABCケーブル・ネットワークスの社長、ジェラルディン・レイボーンさんは次のようにコメントしています(注2)。

「彼女を批判する人たちは、テッド・ターナー氏やマイケル・アイズナー氏に会ったことがあるのでしょうか。彼ら（をはじめとする他の多くの男性ＣＥＯ）のほうがよほど癪に障ることを言う人物です。もしかすると、彼らの奥さんたちよりは耳障りかもしれませんが」

バラドさんのようにとても積極的で指揮統制的なリーダーシップ・スタイルをとる女性が、その特性をそのまま前面に押し出すと、「嫌な女」というレッテルを貼られてしまうことが往々にしてあるのです。

これは、女性特有の問題です。雑誌『ビジネス２・０』のコラムニストであるペネロペ・トランクさんは、「男性を表現する言葉で、この『嫌な女』に相当するものはありません。そういった特徴を表に出す男性は昇進するからです」と述べています（注３）。

この他にも、男性のように振る舞う女性リーダーが反発を受けるという事例は、たくさんあります。もちろん男性でも、指揮統制的な振る舞いが極端に強すぎれば、周囲から反発を受けます。しかし、女性の場合は、ことさら過敏に周囲が反応し、反発する傾向があるようです。

また、そのとき反発するのは、男性だけではありません。同性である女性も同様に反発する傾向にあるということには注意が必要です。こうした反発は、意図的ではなく、多くの場合、無意識下で本人が気づかないうちに行われています。

「こうあるべき」という対立が反発を生む

なぜ、こうした反発が、女性に対してのみ、しかも過剰な反応として起こるのでしょうか。

それは、私たちのなかに、「男性はこうあるべき」「女性はこうあるべき」そして「リーダーはこうあるべき」といった固定観念があるためです。女性がリーダーシップを発揮しようとすると、こうした複数の固定観念のあいだで対立が生じ、反発が起こります。簡単にまとめると、次のような図式です。

男性はこうあるべき＝リーダーはこうあるべき
女性はこうあるべき≠リーダーはこうあるべき

最近の調査から、こうした固定観念が対立するメカニズムが明らかになってきました。

米ラトガース大学のラドマン教授らのチームは、「『男性が上、女性は下』といった暗黙のルールが私たちのなかに存在し、それと食い違うときに反発が起きる」という仮説を立て、それを検証しました（注4）。なお、ここでいう上か下かは、取締役や部長といった組織上の役職ではなく、社会的・文化的に私たちのなかに形成された地位を指しています。

ラドマン教授らの研究成果をくわしく見ていきましょう。

「女性にとって望ましい」と思われているもの

ラドマン教授らのチームは、まず、人が持つ64個の特性を列挙し、「その特性を持っていることが、男性あるいは女性にとってどの程度望ましいか」「社会的・文化的に上位にある人、下位にある人は、その特性をどの程度共通して持っていると考えるか」を尋ねるアンケート調査を行いました。回答者（注5）は、それぞれの質問に対して「まったくそうではない」から「とてもそうである」までの9段階で答えます。

図表1－1は、64個の特性のなかから「男性にとっては望ましいが、女性にとっては

図表 1-1　男性・女性にとって望ましい特性

特性	望ましいと思う程度の男女間の差（効果量）	男性にとって望ましいと思う程度（平均値）	女性にとって望ましいと思う程度（平均値）	共通して持っていると考える程度の上位者と下位者の差（効果量）
男性にとっては望ましいが、女性にとってはそうでもない特性				
キャリア志向	1.12	7.74	5.74	1.57
リーダーシップ能力	1.09	7.86	5.89	1.45
好戦的	1.03	6.16	3.91	0.43
積極的	1.01	7.26	5.20	1.39
自立している	0.98	7.67	5.57	1.23
ビジネスセンス	0.97	7.39	5.76	1.60
野心的	0.95	7.95	6.28	1.37
ハードワーク	0.80	8.08	6.78	0.91
プレッシャーに強い	0.74	7.39	6.05	1.26
率先して行動する	0.58	6.26	5.13	1.18
知的	0.55	7.67	6.78	1.08
分析的	0.48	6.71	5.83	1.29
高い自尊心	0.48	7.29	6.56	1.59
説得力	0.41	6.44	5.74	1.30
競争的	0.40	7.67	5.28	1.43
高い能力	0.40	7.17	6.48	1.12
女性にとっては望ましいが、男性にとってはそうでもない特性				
情動的	-1.12	3.87	6.51	-0.63
優しい	-1.03	6.07	7.99	-0.47
子どもへの関心	-1.00	5.92	7.82	-0.46
周囲への気遣い	-1.00	5.48	7.52	-0.23
よい聞き役	-0.89	6.14	7.82	0.07
明るく元気	-0.87	6.06	7.58	0.57
熱心	-0.83	5.71	7.06	0.91
興奮しやすい	-0.76	5.69	6.95	0.42
協力的	-0.75	6.29	7.50	0.11
友好的	-0.71	6.77	7.76	0.09
手助けを惜しまない	-0.69	6.69	7.75	0.06
礼儀正しい	-0.57	6.90	7.74	0.04
謙虚	-0.56	5.77	6.80	-0.08
外見に気を遣う	-0.46	6.68	7.51	1.20
助けになる	-0.45	6.95	7.58	0.25
好かれる	-0.42	7.00	7.74	0.15

（注）「男性にとって望ましい程度（平均値）」が6 以上で「望ましい程度の男女間の差（効果量）」が0.4 以上のもの、「女性にとって望ましい程度（平均値）」が6 以上で「望ましい程度の男女間の差（効果量）」が-0.4 以下のものを抽出。
Rudman et al., 2012, pp.168. をもとにして作成。

そうでもない特性」と「女性にとっては望ましいが、男性にとってはそうでもない特性」を抜き出したものです。

たとえば、「キャリア志向は男性にとって望ましい特性か」といった質問に対しては、9段階評価で平均値が7・74という高い数値の回答が得られました。これに対し、「キャリア志向は女性にとって望ましい特性か」という質問に対する回答の平均値は5・74です。

ただし、回答者によってバラツキがあり、単純な平均値の差だけでは見誤ることもあります。そのため、回答のバラツキ度を表す標準偏差を単位にして平均値の差を表した「効果量」（注6）と呼ばれる指標を図表の1列目に示しました。これを見ても、「キャリア志向が望ましいと思う程度」の男女間の差が大きいことがわかります。

「男性にとっては望ましいが、女性にとってはそうでもない特性」には、たとえば、次のようなものがあります。

・好戦的
・積極的

・自立している
・ハードワーク

一方、「女性にとっては望ましいが、男性にとってはそうでもない特性」には、次のようなものがあります。

・優しい
・周囲への気遣い
・友好的
・手助けを惜しまない

特性の顔ぶれが、男性と女性で明らかに異なっていることがわかります。前者が「作動的（Agentic）」なイメージのものであるのに対し、後者は「共同的（Communal）」なイメージのものばかりです。作動的、共同的というのは、主に心理学の研究で使われている言葉で、「ひとりの人間として目指すべき、自己成長や達成などに関する特性」

は作動的特性と、「他者との協調や親密さなどに関する特性」は共同的特性と呼ばれています（注7）。

「上位の人が持っている」と思われているもの

また、図表の4列目には、「社会的・文化的に上位にある人がその特性をどの程度共通して持っていると考えるか」「下位にある人がその特性をどの程度共通して持っていると考えるか」の差を、効果量で示しました。

効果量が正の値で数値が大きいものほど、「社会的・文化的に上位にある人」のほうがその特性を共通して持っていると考えられていることを示しています。効果量が負の値ならその逆で、「下位にある人」のほうがその特性を共通して持っていると考えられていることを、ゼロの場合は、両者にほとんど差がないことを示しています。

ここで注目すべきは、男性にとって望ましいとされる特性の多くが、「社会的・文化的に上位にある人が共通して持っていると考えられている特性」と合致していることです。

反対に、女性にとって望ましいとされる特性は、「外見に気を遣う」や「熱心」などを除くと社会的・文化的に上位にある人だけが持っていると考えられている特性ではないことがわかります。その多くは、効果量がゼロ付近です。

「女性にとって望ましくない」と思われているもの

次に、男性あるいは女性にとって望ましくない特性を見ていきましょう。

図表1-2は、先の図表1-1の逆で、64個の特性のうち「男性にとっては望ましくないが、女性にとってはそうでもない特性」「女性にとっては望ましくないが、男性にとってはそうでもない特性」を抜き出したものです。

「男性にとっては望ましくないが、女性にとってはそうでもない特性」には次のようなものがあります。

・感情的
・ナイーブ

図表 1-2　男性・女性にとって望ましくない特性

特性	望ましいと思う程度の男女間の差（効果量）	男性にとって望ましいと思う程度（平均値）	女性にとって望ましいと思う程度（平均値）	共通して持っていると考える程度の上位者と下位者の差（効果量）
男性にとっては望ましくないが、女性にとってはそうでもない特性				
感情的	1.12	3.87	6.51	-0.63
ナイーブ	1.03	2.35	4.55	-0.78
弱い	0.97	1.85	3.96	-1.32
自信がない	0.91	2.29	4.08	-0.96
信じやすい	0.89	2.80	4.67	-1.07
大袈裟	0.88	2.87	4.80	-0.01
気まぐれ	0.80	2.78	4.13	-1.22
気分屋	0.78	2.67	4.44	0.05
優柔不断	0.74	2.81	4.31	-1.06
迷信深い	0.56	3.16	4.15	-0.64
女性にとっては望ましくないが、男性にとってはそうでもない特性				
好戦的	-1.03	6.16	3.91	1.36
威圧的	-0.98	5.37	3.29	1.21
支配的	-0.94	5.74	3.54	1.42
傲慢	-0.76	4.61	2.93	1.08
反抗的	-0.69	5.02	3.64	-0.40
要求の厳しい	-0.65	5.16	2.96	1.24
容赦ない	-0.65	4.41	2.96	0.59
怒りっぽい	-0.65	4.14	3.82	-0.47
状況をコントロール	-0.61	5.20	3.88	1.33
頑固	-0.55	4.74	3.63	0.65
冷徹	-0.51	3.43	2.49	0.35
自己中心的	-0.41	4.20	3.21	1.05
皮肉屋	-0.41	3.94	3.27	0.12

（注）「男性にとって望ましい程度（平均値）」が4 以下で「望ましい程度の男女間の差（効果量）」が0.4 以上のもの、「女性にとって望ましい程度（平均値）」が4 以下で「望ましい程度の男女間の差（効果量）」が-0.4 以下のものを抽出。
Rudman et al., 2012, pp.168. をもとにして作成。

・弱い
・自信がない

注意していただきたいのは、これらはいずれも、社会的・文化的に下位にある人が共通して持っていると考えられている特性だということです。

一方、「女性にとっては望ましくないが、男性にとってはそうでもない特性」には次のようなものがあります。その多くは、社会的・文化的に上位にある人が共通して持っていると考えられている特性です（「反抗的」「怒りっぽい」を除く）。

・好戦的
・威圧的
・支配的
・傲慢

暗黙のルールが反発を生む

2つの図表から、「望ましい」あるいは「望ましくない」とされる特性が男女間でほぼ真逆の傾向を示していることがわかります。男性には作動的な特性が、女性には共同的な特性がそれぞれ期待されており、その逆は望ましくないと考えられているのです。これは、「男性はこうあるべき／こうあるべきでない」「女性はこうあるべき／こうあるべきではない」といったルールが暗黙のうちに私たちのなかに強く形成されていることを示しています。

そして、これこそが、男性のように振る舞う女性リーダーに対して反発が起こるメカニズムの背景にあるものです。図表で確認したように、社会的・文化的に上位にある人が共通して持っていると考えられている特性は、男性にとっては望ましいが、女性にとっては望ましくないものとされていました。男性のように振る舞わなければならないという思い込みに駆られた女性たちが落とし穴にはまる理由が、ここにあります。

女性がより良いリーダーになろうとして作動的な特性を強く示すと、そうした行動は

「女性にとって望ましくない」ととらえられ、「傲慢だ」「横柄だ」などと批判されて（ペナルティを受けて）しまうのです。

こうした現象は、世界中どこへ行っても同じです。北欧諸国のように「男性も女性も同等だ」と認識されている地域も一部ではありますが、残念なことに、これはきわめて例外的な存在です。

ニューヨーク大学のマドレーヌ・E・ハイルマン教授らの調査（注8）によれば、女性が共同的な特性を示しても「それは当然だ」と受け取られるのに対し、男性リーダーが共同的な特性を示すと「類い稀なリーダーである」と高い評価を受けるそうです。

もちろん、共同的な特性を示すだけでは、周囲からリーダーと見なされることはありません。

ウーマンズ・キャッチ22——女性だけが直面するジレンマ

それは、まるで罠にはまったような状態です。女性がリーダーシップを発揮しようとすると、固定観念の対立という「解決できない方程式」に直面してしまいます。

「キャッチ22」という言葉をご存じでしょうか。「2番目のことをすることなしに1番目をすることができない状況下であるにもかかわらず、1番目のことをする前に2番目をすることができない」というパラドキシカル（逆説的）な状況を指す言葉です。私は、この女性リーダーが直面するパラドックスを「ウーマンズ・キャッチ22（women's catch22）（注9）」と呼んでいます。

では、女性は、リーダーなど目指すべきではないのでしょうか。

そうではありません。たしかに、批判されるなどといった反発（ペナルティ）に直面するリスクはなくなりますが、それでは、女性リーダーがいつまでたっても誕生しません。男性も女性も同等だと認識されている社会（それなりの数の女性リーダーが存在している社会）が実現して初めて、女性リーダーに対するペナルティがなくなるからです。女性のロールモデルが多数存在し、男女が均等にリーダーとなる社会になれば、「男性が上、女性が下」といった固定観念（ジェンダー・ヒエラルキー）も変化していくでしょう。

しかし、私たちがいるのは、まだ出発点です。こうした変化が起こるまでには、忍耐が必要でしょう。というのも、「女性はこうあるべき／こうあるべきではない」「男性はこうあるべき／こうあるべきではない」といった固定観念（ジェンダー・ステレオタイプ）は、私たちの社会が長い年月をかけて生み出したものだからです。

女性自身もはまる無意識の罠

驚くべきことに、そうした固定観念は、女性自身の行動にも大きな影響を及ぼしています。多くの人が「女性は思いやりがあり、利他的でなくてはならない」という固定観念を持っているだけでなく、女性自身もそうあるべきと思っているのです。そのため、女性たちは、自分のなかにある競争的な面を隠してしまうのです。

私が所属するスイスのビジネススクールＩＭＤの企業研修プログラムで、こんな実験をしたことがあります。

受講者である男女のビジネスパーソンを「ランダムに」２つのグループに分けて、ある課題に対する解決方法をそれぞれのグループで検討してもらいました。ただし、「ランダムに」というのは実は嘘で、実際は、あらかじめ受けてもらった性格診断テストで協調性が高かった人たちのグループと低かった人たちのグループに分けました。

グループが男性のみ、もしくは男女混合だったとき、２つのグループが出してきた解決方法はまったく異なるものでした。ひとつがとても協力的なものだったのに対し、もうひとつは数値にもとづく冷静な内容のものでした。協調性の高低という「性格診断テストの結果」がそのまま表れたものとなりました。

しかし、グループが女性のみだったとき、それとは異なる結果になりました。性格診断テストで分けたどちらのグループの解決方法も、ともに協力的な内容のもので、ほとんど差がなかったのです。

これは、「たとえ協調性が低くても、女性はそれを隠して協調的に振る舞わなくてはならない」という社会的なプレッシャーを女性たちが強く感じているからだと考えられます。

女性のみを対象とした別のプログラムでも同じような実験を行いましたが、やはり結果は同じでした。自由に課題を選び、グループワークをしてもらうと、女性のみのグループからは、ＮＧＯ（非政府組織）を設立するための計画案や世界を救うための案、人々を支援するための案などが出てくるのです。

こうした実験からも、ジェンダー・ステレオタイプという固定観念が女性自身の行動にも影響を及ぼしていることがわかります。「女性は思いやりがあり、利他的でなくてはならない」という思い込みは、男性不在の「安全な環境」でも女性の行動に影響を与えていたのです。

2つの期待を融合させる

では、女性はどう振る舞ったらよいのでしょうか。

それは、一見矛盾する2つの役割——リーダーに期待される役割（作動的な特性）と女性に期待される役割（共同的な特性）を、自分らしいやり方で融合させることです。男性であれば、「説得力がある」「状況をよく把握している」といった作動的な特性だけで優れたリーダーだと見なされますが、女性の場合は、作動的な特性と共同的な特性の両方を兼ね備えておく必要があります。

そのうえで、作動的な振る舞いを周囲が拒絶しないレベルに抑えれば、ペナルティが科されるのを避けることができます。リーダーに求められる役割を十分に果たしつつ、過度にジェンダー・ステレオタイプに反しないよう振る舞うこと、これが、「ウーマンズ・

キャッチ22」の方程式を解くカギです。

しかし、この2つの期待を融合させるのは、簡単なことではありません。単に誰かの真似をすればよいというものでもないからです。良いリーダーになるためには、自分の性格や、自分らしいリーダーシップのスタイルについても知っておく必要があります（自分のことをよりよく知るのに不可欠な「自己認識」については第3章でくわしく説明します）。

時と場合によって行動を切り替える

また、2つの期待を融合させるのではなく、どちらかの行動に振ったほうがよいときもあります。「どんなとき、どういったタイミングで行動を切り替えるのがよいか」を知っておくと便利です。

たとえば、女性は、上司に接するときと部下に接するときで行動を変える必要があります。上司と一緒のときは、問題に立ち向かい、厳しい決断もできることを示すようにしましょう。必要であれば、きちっと反論して自信があることを、そして状況をコントロールしていることを示すのです。一方、部下と接するときは、彼ら彼女らに手を差し伸べて親しみやすさを示す必要があります。

こうした二面性を自分らしいやり方で保つのは大変なことで、適切なバランスを見出すのに何年も費やす女性もいます。

ペプシコ社のＣＥＯ、インドラ・ヌーイさんは、彼女らしいやり方で、この二面性をうまく使い分けている女性リーダーのひとりです。

彼女はとてもタフなリーダーで、仕事や交渉にも厳しい一面を持っていますが(注10)、その一方で部下に対しては「お母さん」のような関係性を築いています。部下の誕生日にケーキを持っていったり、女性の部下にファッションのアドバイスをしたりします。そうしたアドバイスを、母親から与えられることはあっても、ＣＥＯから受けることはなかなかないでしょう。

このようなバランスを保てるようになったら、本当にすばらしいリーダーになれると思います。

◘ 外から与えるか、内面から引き出すか

もうひとつ、自分らしいリーダーシップ・スタイルを見つけるうえで、次の話が非常に参考になると思います。この章の冒頭でもお伝えしましたが、いま私たちは次のような現実に直面しています。

「女性的な資質こそ、いまリーダーシップに求められている」

実は、長年にわたり蓄積されてきたリーダーシップ研究によって、リーダーシップ・スタイルは、大きく次の2つに分けられることがわかってきました。

1　交換型リーダーシップ
2　変革型リーダーシップ

「交換型リーダーシップ」は、アメとムチを使い分けてリーダーが意図する方向へ人々の行動を仕向けようとします。リーダーは、目標を示し、皆が目標達成に向けて動いているかどうかに目を光らせます。そして、リーダーの期待に応えられた人には手厚い報酬を、成果をあげられなかった人には懲罰を与えます。

「交換型」と名付けられているのは、「リーダーから与えられる報酬」と「フォロワーの服従」が文字どおり交換されることで両者の関係が成り立っているからです。これは、上司が部下に売上ノルマを課して、その達成を迫るなど、成果主義色の強い組織でよく見られる関係です。

しかし、「交換型リーダーシップにはムダが多く、非効率である」ということに、私たちはもっと注意を払う必要があります。なぜなら、皆を働かせ続けるために、リーダーは自分の貴重な時間の多くを監視やコントロールに割かなければならないからです。より高い報酬を得たい、懲罰を回避したいという利己心で行動している人は、リーダーからの干渉が弱まれば、サボったり手を抜いたりするでしょう。その結果、組織のパフォーマンスは下がってしまいます。そうさせないためにも、リーダーは監視やコントロールの手を緩めることができません。

では、これとは反対に、リーダーが監視やコントロールをしなくても、内面から湧き出てくる動機に導かれて皆が自律的に仕事に取り組む状態をつくり出すことができたら、どうでしょうか。

組織のパフォーマンスは大きく高まるでしょう。また、部下の監視やコントロールから解放されたリーダーは、より意義のある他のことに自分の時間を使えます。

そうした状況をつくり出すのが、「変革型リーダーシップ」です。

アメとムチといった「外発的」な動機付けによって人々の行動を促す交換型リーダーシップに対し、変革型リーダーシップでは、人々の「内発的」な動機付けを引き出そうとします。人々の内面にある価値観を「変革」させるという意味から、その名称が付けられています。

図表1-3は、これら代表的な2つのリーダーシップ・スタイルを比較したものです。交換型リーダーシップが、将来ではなく現状にフォーカスしているのに対し、変革型リーダーシップは、現状ではなく将来にフォーカスしています。

また、交換型リーダーシップでは、アメとムチを使い分けて個人の損得に働きかけようとしますが、変革型リーダーシップでは、グループ全体の利益を最優先するよう個人

図表1-3　代表的な2つのリーダーシップ・スタイル

交換型リーダーシップ （報酬と服従を「交換」する）	変革型リーダーシップ （相手の内面にある価値観を「変革」する）
・将来より現状にフォーカスする	・現状より将来にフォーカスする
・フォロワーの利己心（個人の損得）に働きかけて動機付ける	・フォロワーに対して、グループ全体の利益を最優先するよう促す
・フォロワーの服従を得るため、報酬と懲罰（アメとムチ）を駆使する	・感情に関係する資質を駆使して目的を達成する

の内面にある価値観に働きかけます。

期待以上の成果が得られることも

交換型リーダーシップには非効率な面があると述べましたが、組織のパフォーマンスでも見劣りする場合があります。「リーダーである私の言うとおりに動きなさい」という交換型リーダーシップでは、リーダーの指示が適切でないと質の高いアウトプットが期待できないからです。

また、交換型リーダーシップでは、リーダーの期待を上回る成果が得られる場面も限られます。成果があがらないからといって過度なプレッシャーをかければ、部下たちのやる気はさらに削がれてしまいます。

これに対して、人々の創意工夫を引き出そうとする変革型リーダーシップでは、リーダーが予期しなかった成果が生まれることもあります。

変革型リーダーシップで何よりも大切なことは、人々を尊重することです。どんなに優れた部下でも、ひとりの人間として尊重されなければ、パフォーマンスは悪化します。

図表 1-4　リーダーシップ・スタイルを構成する資質

変革型リーダーシップ	信頼	その人らしさにあふれた魅力的で尊敬される。その振る舞いは、人々からロールモデルとして見なされている。
	モチベーション	ビジョンを示し、皆に活力を与える。さらには、その仕事に意義があるという実感を与え、人々を巻き込む。
	刺激	聖域を設けずにあらゆる前提を疑い、意見の相違を認める雰囲気を醸成する。問題解決の場面では、人々の創意工夫を引き出す。
	コーチング	人々の幸福と能力開発に高い関心を持っている。皆を気づかうとともに受け入れ、サポートする。
交換型リーダーシップ	報酬	適切な報酬を与えるために、人々に何を期待しているかを告げる。そして、目標を達成できたかどうかを判断する。
	誤り・逸脱	ある人のパフォーマンスが期待を下回っていると判断したとき、それを是正するための何らかの手段を講じる。

反対に、部下の成長を支援し、そのために惜しみない投資をするといった姿勢を示せば、彼ら彼女らの行動も変化します。

では、変革型リーダーには、どのような資質が求められるのでしょうか。昨今の研究成果から、変革型リーダーシップは次の4つの資質から構成されていることがわかりました（注11）（図表1-4）。

1　信頼
2　モチベーション
3　刺激
4　コーチング

変革型リーダーは、その人らしさにあふれた魅力で部下から「信頼」されており、彼ら彼女らの内面に働きかけることで「モチベーション」を引き出しています。そして、問題解決の場面では聖域を設けず、意見の相違を認める雰囲気を醸成します。そうした「刺激」を与えるとともに、一人ひとりを気づかい、支援する「コーチング」にも長けています。

時代が求める変革型リーダーシップ

さて、「階層構造」でできている組織を「権力」によって管理していた20世紀は、交換型リーダーシップが機能する時代でした。しかし、いまや組織はフラット化し、「ヒエラルキー（階層）でできている」というより「ネットワーク群である」といったほうがふさわしい状況です。組織内には、公式のものや非公式のものなど、さまざまなネットワークがあり、そのなかをさまざまな情報が流れています。

そうしたネットワークは、権威や権力では動かせません。リーダー自身がネットワークと積極的なかかわりを持ち、「ギブ・アンド・テイク」ではなく「ギブ・ギブ・ギブ」の姿勢で貢献して「信頼」を築けなければ、影響力を行使することができないのです。

こうした変化が、交換型リーダーシップを時代遅れなものにさせています。

実は、私が専門にしているリーダーシップ研究も同じです。昨今では、全体の65〜70％にあたる研究が、変革型リーダーシップのフレームワークを用いています。これは、私を含む世界の多くの研究者が、変革型リーダーシップに可能性を感じ、注目しているからにほかなりません。

実際に、変革型リーダーシップが人々のやる気や成果を引き出すことについて、世界中で豊富な事例が報告されています。フォロワーの気持ちになって考えれば、わかりやすいでしょう。信頼できるリーダーから仕事の意義を説かれ、刺激やコーチングが与えられたら、精一杯の力を発揮しようと思うのではないでしょうか。「あれをしなさい、これをしなさい」と指図されたときより、はるかに高い成果をあげられそうです。

女性的な資質を開花させよう

そして、女性のほうが変革型リーダーに向いているのです。

米ノースウェスタン大学心理学部のアリス・H・イーグリー教授らの研究によって、「男性よりも女性のほうが、変革型リーダーシップの資質を持っている」という事実が明らかになりました（注12）（もちろん、平均的な男性と女性を比べてそういう傾向があるということで、例外もあります）。

図表1-5　性別による得意なリーダーシップ・スタイルの違い

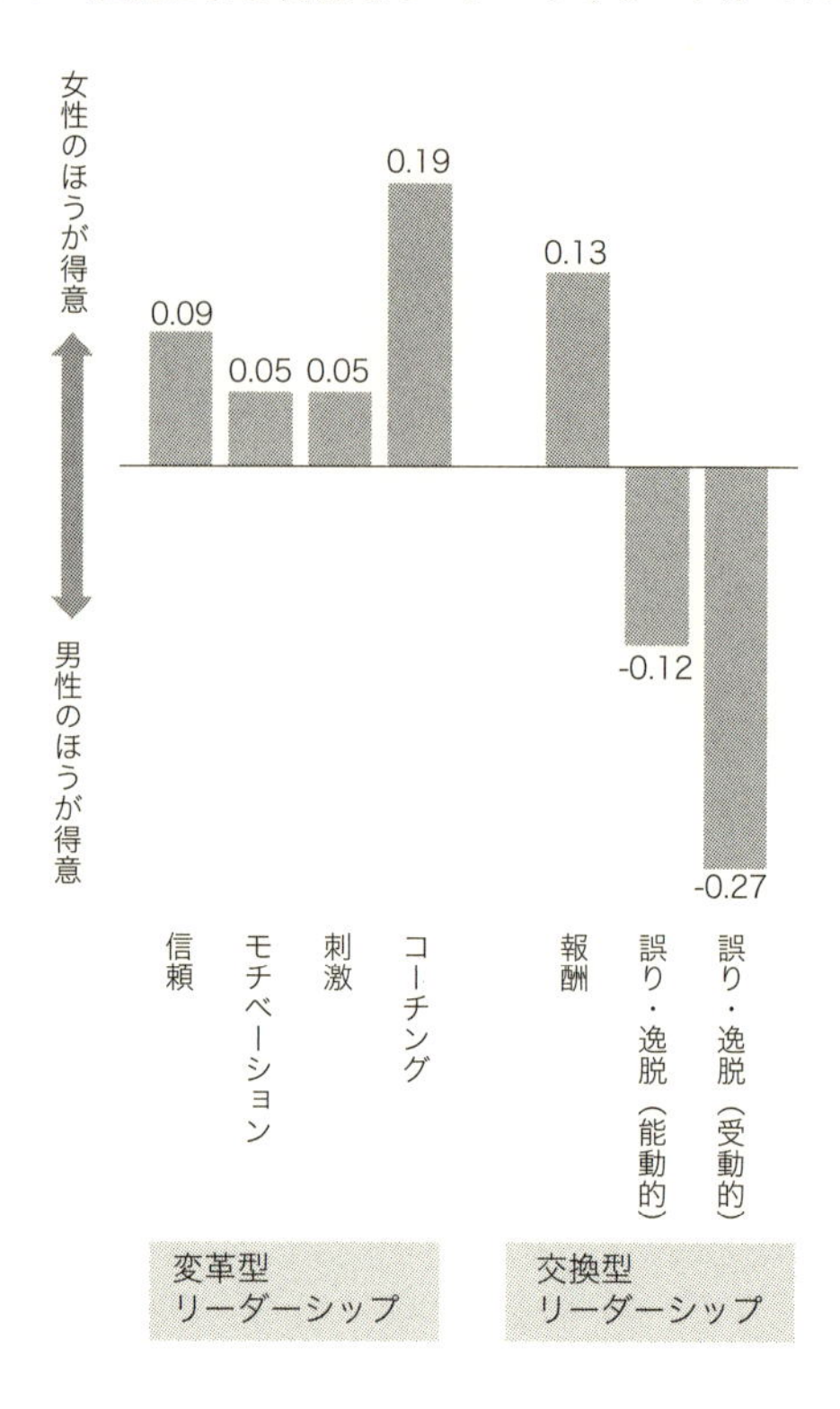

(注)数値は、効果量である。
Alice H. Eagly, Mary C. Johannesen-Schmidt, & Marloes L. van Engen, "Transformational, transactional, and laissez-faire leadership styles: a meta-analysis comparing women and men," *Psychological Bulletin*, Vol.129, No.4, July 2003, pp.579. をもとにして作成。

イーグリー教授らは、これまで発表された45の実証分析の結果をもとに、「メタ分析」と呼ばれる手法を用いて、男女間の違いを検証しました。その結果を要約したのが図表1-5です。

図表は、交換型リーダーシップと変革型リーダーシップを構成するそれぞれの資質について、男性のほうが得意か、女性のほうが得意かを示しています。縦軸は、これまでの実証研究の結果を再集計することで得られた「効果量」と呼ばれる指標で、これがプラス方向に大きければ女性のほうが得意であることを、反対にマイナス方向に大きければ男性のほうが得意であることを示しています。

結果は一目瞭然です。変革型リーダーシップを構成する4つの資質——「信頼」「モチベーション」「刺激」「コーチング」のすべてにおいて女性のほうが得意である、という結果が出ています。なかでも「コーチング」は、女性のほうが際立って得意です。

「心の知能（EQ）（注13）は男性より女性のほうが高い」といわれていますが、一般的な傾向として、男性より女性のほうが他人に共感する力があるようです。実際、悩んでいる人や落ち込んでいる人に手を差し伸べたり、コーチングしたりするのが苦手な男性をよく見かけます。

一方で、交換型リーダーシップを構成する資質は、男性が得意なものと、女性が得意なものに二分されています。「報酬（部下にどう報いるか）」では女性のほうが長けていますが、「誤り・逸脱（問題をどう是正するか）」では男性のほうが得意という結果になっています。

なお、「誤り・逸脱」には、能動的なものと受動的なものがあります。前者は、問題が発生する前に未然に回避しようとすることを、後者は、問題が起きてから事後的に是正しようとすることを指しています。

いかがでしょうか。「変革型リーダーシップは女性的なリーダーシップだ」といっても決して大げさではないでしょう。多くの女性に、変革型リーダーとして活躍するための資質が備わっているのです。

そして、現代は、交換型リーダーよりも変革型リーダーが求められる時代です。女性的なリーダーシップの資質を開花させ、存分に発揮することが求められる時代だといえます。

COLUMN 1 ■ 新しい言葉をつくる

セミナーや講演などで、女性参加者に「自分はどんな人間か」を一言で表現してもらうことがあります。すると、多くの女性たちから、次のような言葉が挙げられます。いずれもすばらしい言葉です。

人の役に立つ、手助けを惜しまない、チームワークを重視する、
優しい、思いやりのある、人付き合いのよい、友好的な、
面倒見のよい、協調的な、など

同じ問いかけを男性にすると、次のような言葉が挙がってきます。

自信がある、野心的な、ずばずばものを言う、
自立している、失敗を恐れない、実行力がある、
影響力のある、積極的な、知的な

両者を比べると、女性参加者が挙げた言葉はいずれも「育成的」なもので、女性的であることと深く関連付けられていることがわかります。一方、男性参加者が挙げた言葉は、男性的であることと深く関連付けられており、私たちが一般的に持っている典型的なリーダー像とも強く関連付けられていることがわかります。

ある企業が管理職を募集するときの広告をイメージしてください。その役職に求められる能力や資質を表現する際には、男性的であることと関連付けられた言葉を強調する傾向があります。

たとえば、「自主性があり、失敗を恐れず、積極的な行動をとることができ、周囲に対する影響力があり、実行力がある人材を募集しています」といった表現です。「友好的で、部下の面倒見がよい人材を募集しています」といった募集要項を管理職人材の募集広告で見ることはありません。

企業社会は、「育成的」な要素を過小評価する傾向にあるといえるでしょう。

しかし、「変革型リーダー」になるためには、女性的な要素が必要です。今後は、リーダー像をイメージする言葉として、女性的な強みを評価した言葉もつくっていかなければなりません。

第 2 章

なぜ女性は
評価されないのか

女性は男性より5倍も困難

第1章では、多くの女性に「変革型リーダー」として活躍するための資質が備わっていることを紹介しました。

しかし、そう言われても、多くの人が疑問に感じるでしょう。「だとしたら、いったいなぜ、私たちのまわりにはこんなにも女性管理職が少ないのか」と。女性のほうがリーダーに向いているのであれば、私たちのまわりでもっとたくさんの女性役員や女性管理職が活躍していてもよさそうです。

ところが、実際は「きわめて少ない」と言わざるをえません。

たとえば、アメリカの「フォーチュン500社」に選ばれた企業のうち、女性がCEOを務めている会社はたったの24社、比率にして4・8％にとどまっています。イギリスの「FTSE100株価指数」の構成企業では4％、オーストラリアの「ASX200株価指数」の構成企業では3％、フランスの「CAC40株価指数」やドイツの「DAX30株価指数」の構成企業に至っては女性CEOが1人もいません（注1）。日本の上場企業でも女性社長はきわめて珍しく、全上場企業3584社のうち、女性が社長を務めるのは29社、比率にして0・01％未満となっています（注2）。

取締役会の女性比率では、世界で初めて「ジェンダー・クオータ制（取締役会などの一定割合を女性が占めるようにすることを法令等で義務付けた制度）」を導入したノルウェー（注3）のように、一部では女性の登用が進んでいる国があります。

しかし、ほとんどの国では女性取締役の割合が20％にも達しておらず、1桁台の国も珍しくありません（図表2-1）。

女性比率は徐々に増えてきてはいますが、そのペースはきわめて遅いというのが現状です。

その理由としてよく言われるのが「ガラスの天井」の存在です。ガラスの天井とは、「経営陣の座というゴールが目前に見えていながらも、そこにたどり着けない」という女性のキャリアのもどかしさを表現した言葉です。

しかし、この言葉は、現実の企業社会の実態を正しく表現できていません。なぜなら、経営陣の一歩手前まで来て初めて壁にぶつかるのではなく、キャリアの初期段階から、女性にはいくつもの関門が存在しているからです。米ノースウェスタン大学のアリス・

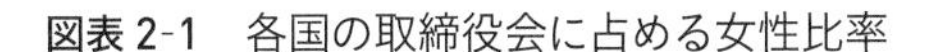

図表 2-1　各国の取締役会に占める女性比率

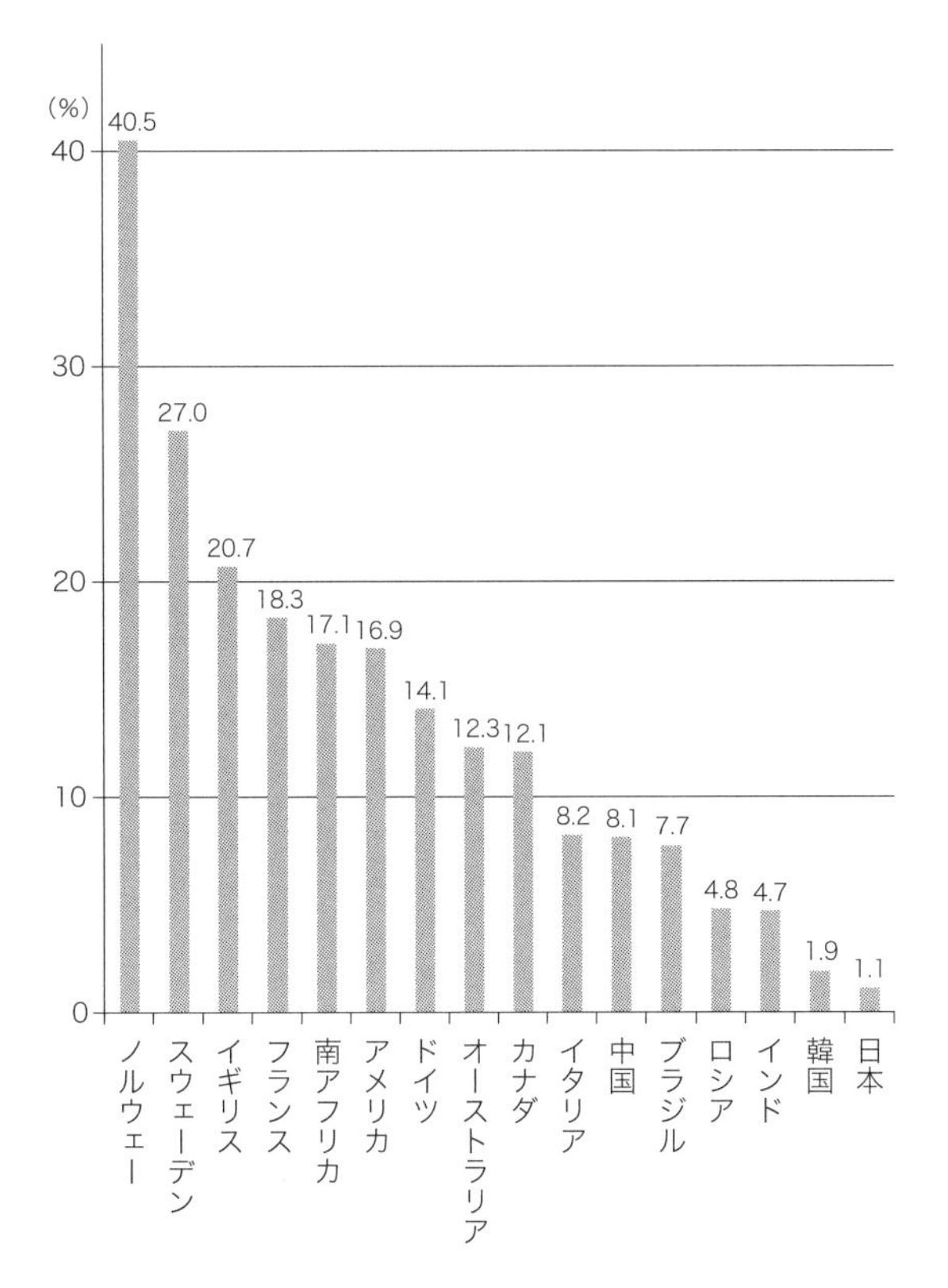

Catalyst, "Women on Boards," March 3, 2014. をもとにして作成。

H・イーグリー教授は、「女性に待ち受けるさまざまな関門は『ガラスの天井』というより『キャリアの迷宮』と呼ぶにふさわしい」と述べています（注4）。

マッキンゼー・アンド・カンパニーが行った調査（注5）は、「組織のあらゆる階層で、女性の昇進確率のほうが男性の昇進確率より低い」ことを明らかにしています。

一般社員から中間管理職へ昇進する確率は、男性が女性の3倍です。中間管理職から上級管理職へ、上級管理職から経営会議メンバーへ昇進する確率は、それぞれ男性が女性の2倍、そして、経営会議メンバーからCEOに登用される確率は、男性が女性の5倍となっています（図表2-2）。

このため、キャリアをスタートさせてまだ間もない女性の多くが「自分が昇進する可能性は低い」という現実を実感することになります。その結果、「仮に私が辞めても、組織には何も影響がないのでは？」と自問する女性が増えているのです。

こうして、エントリーレベルでは男女が半々でも、優秀な女性が次々と辞めていってしまうといった事態が起きているのです。

図表 2-2　男女の昇進確率の違い

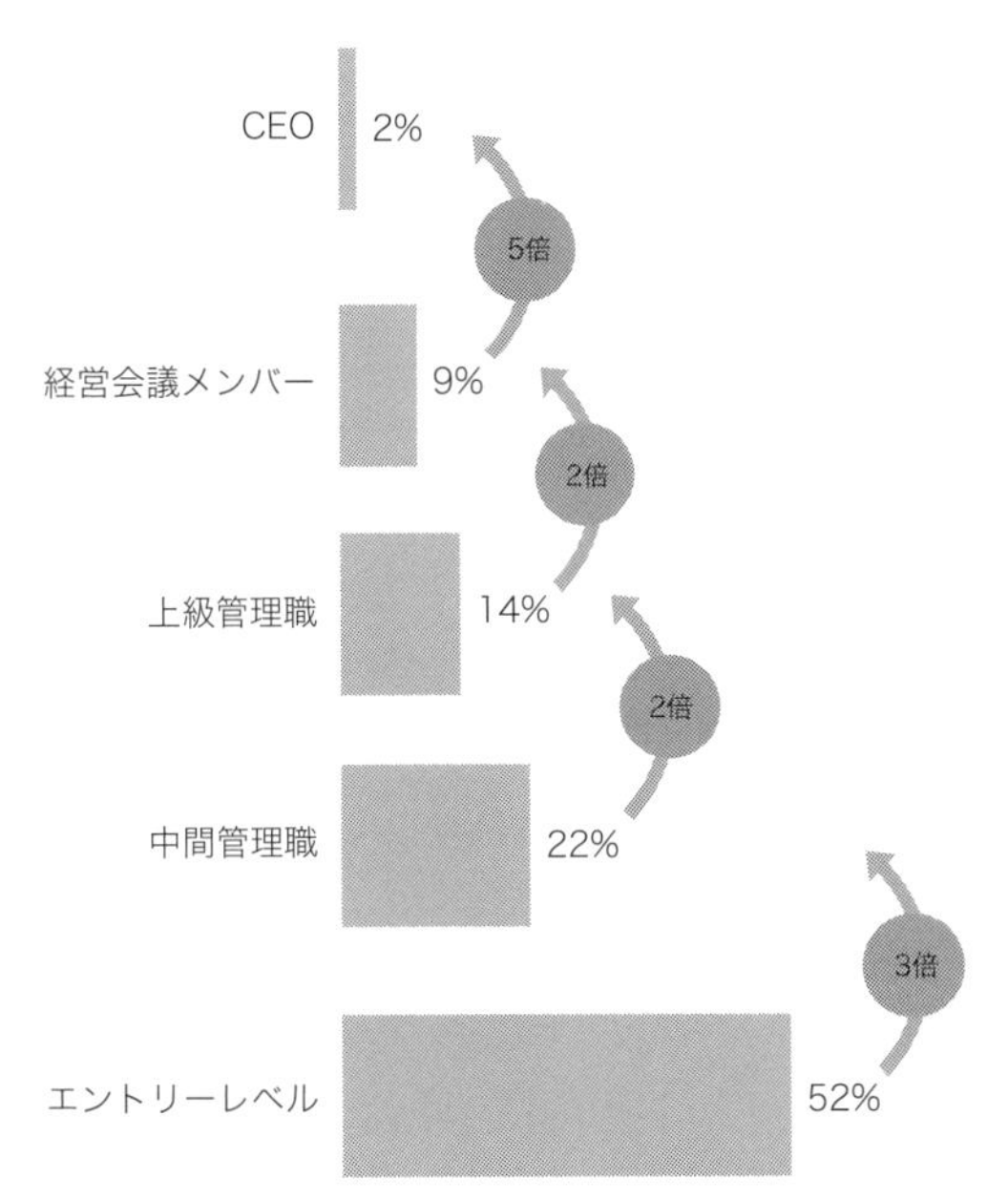

(注)棒グラフが示すのは各階層の女性比率、倍率は男性の次の階層への昇進割合を女性の昇進割合で割った数値。従業員数1万人超、売上高10億ユーロ超でデータが得られた欧州・中東及びアフリカ地域の企業130社が調査対象。
McKinsey & Company, "Women Matter 2013 - Gender diversity in top management: Moving corporate culture, moving boundaries," November 2013.pp.9. をもとにして作成。

なぜ評価されないのか――無意識バイアスの罠

なぜ女性はなかなか評価されないのでしょうか。その最大の原因は、女性に対する「無意識バイアス（無意識下での偏見）」の存在です。

ここで強調しておきたいのは、あくまで「無意識」だということです。当の本人は偏った見方をしていることにまったく気づいていません。そのため、「性別で差をつけていませんか」と正面から尋ねられても、本人は否定します。嘘をついているつもりはなく、本当にそう思っているからです。

しかし、無意識であることが、この問題の解決をより難しくさせています。

では、無意識バイアスとは、具体的にどのようなものなのでしょうか。以下、くわしく見ていきましょう。

転職で成功するのは男性だけ

女性に対する無意識バイアスのひとつとして、「男性と女性では昇進の際の判断基準が異なっている」という指摘があります。男性が「潜在的な能力に対する期待」（ポテンシャル）によって昇進するのに対して、女性が同じような昇進を勝ち取るには、男性以上に「成果や結果といった証拠」（パフォーマンス）を示さなければならないというのです（注6）。

女性の社会進出とビジネスの発展を目的に活動する非営利組織のカタリストが、世界各地の大学のMBA取得者を対象に、MBA取得後の転職回数と年収の関係を調べたところ、男性と女性で大きく異なることがわかりました。

男性の場合は、転職回数と年収にプラスの相関が確認されました。転職回数1回の男性の年収は、転職回数0回の男性の年収より平均して1万3743ドル上回っていました。一方、女性の場合は、転職回数0回の女性と1回の女性のあいだに年収差が見られませんでした。また、転職回数2回以上の女性の年収は、転職回数0回の女性の年収より平均して5万3472ドル下回っていることがわかりました（注7）。

「男性が自分の潜在能力を転職先にアピールすることで高い処遇を得ているのに対し、女性は成果や結果といった証拠を示さないと評価が得られにくい。そのため、女性の場合は、同じ職場で長く勤めたほうが年収が高くなる」とカタリストは指摘しています。

性別で評価が変わる

米イェール大学心理学部（当時）のコリン・A・モス＝ラキュシン博士らの研究（注8）も、女性に対する無意識バイアスを解明しようとしています。

彼女らの研究チームは、「大学の学部卒業見込みの学生が、博士課程出願前に、どの程度ラボ・マネジャー（注9）として採用されるかを調査する」という名目で全米6大学の協力を得て、生物学・化学・物理学の学部に所属する教授らにアンケート調査を行いました。

アンケートの回答者には、「実在する学生のデータベースのなかから無作為に選ばれた1人の学生のプロフィールを配布するので、それを読んで学生の能力や適正を評価し、ラボ・マネジャーとして採用するかどうかを聞かせてほしい」と伝えましたが、それはまったくの嘘だったのです。アンケート調査の真の目的は、女性に対する無意識バイアスの存在を検証することでした。

モス＝ラキュシン博士らは、すべての回答者に、1カ所を除いてすべて同じ内容のプロフィールを配布しました。違っているのは、プロフィールに記載された学生の名前だけです。回答者の半数には「ジョン」という名前が、残りの半数には「ジェニファー」という名前が記されていました。ジョンというのは男性の名前、ジェニファーは女性の名前です。

さて、名前からわかる性別以外はまったく同じ内容のプロフィールを読んだ回答者の評価に違いはあったのでしょうか。その結果を示したのが、図表2-3です。「(学生の)能力・適性」「(ラボ・マネジャーとしての)採用可能性」「(その学生を)指導したいかどうか」「年収提示額」といったすべての項目で、ジェニファーよりジョンが高い評価を得ていました。年収提示額は、ジョンのほうが約3700ドルも高くなっています。

名前が違うだけでここまでの違いが生じるというのは、驚きの結果です。アンケートに答えた大学教授らは、学生の性別が違うだけで評価を変えていたことになります。おそらくは無意識下で行っていたのでしょう。

また、アンケートの回答に見られる傾向は、男性の回答者だけでなく、女性の回答者

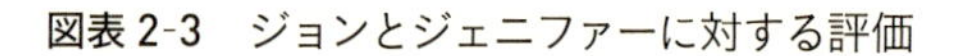
図表2-3　ジョンとジェニファーに対する評価

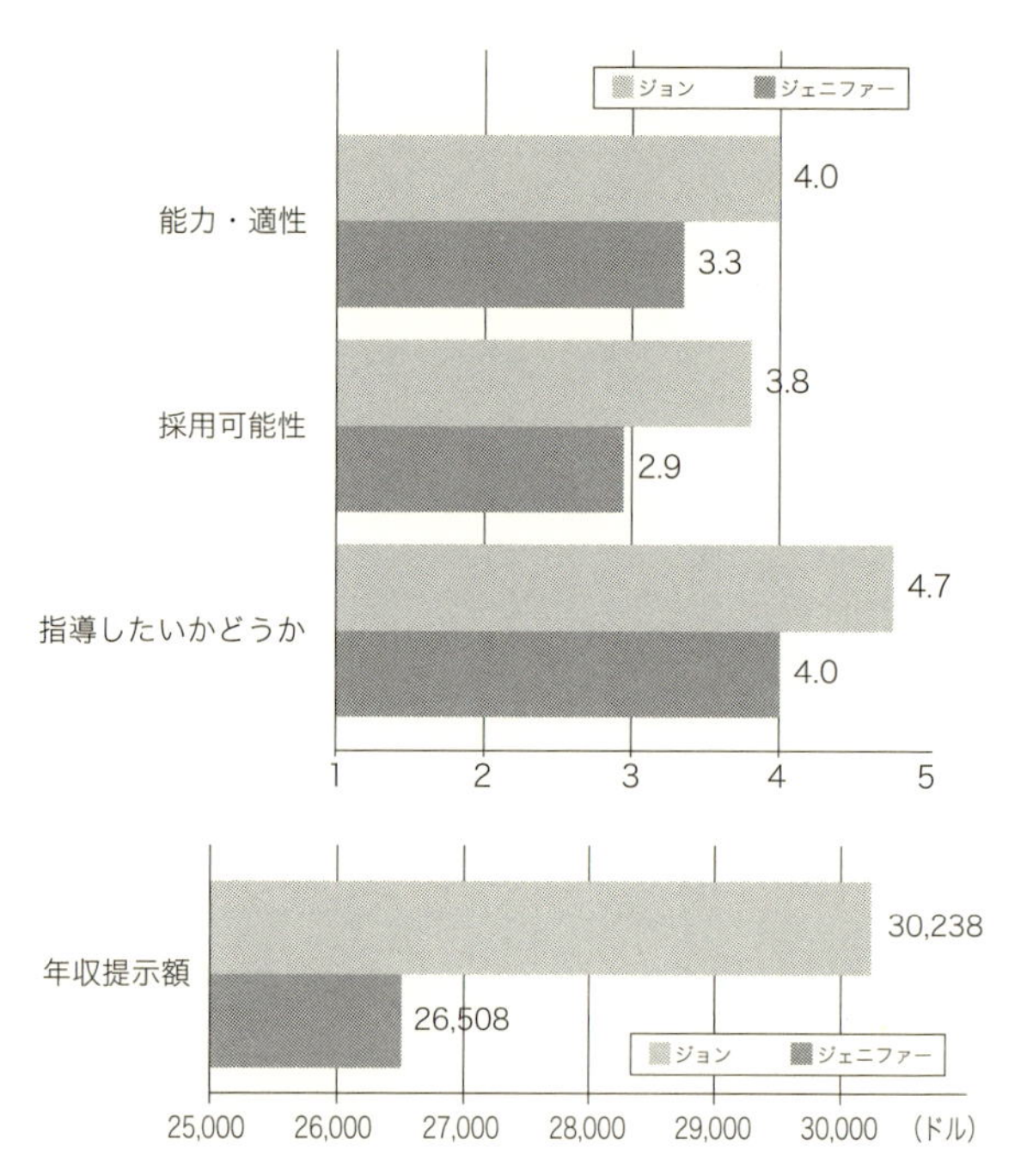

（注）グラフは、ジョンと書かれたプロフィールを評価した63人と、ジェニファーと書かれたプロフィールを評価した64人の平均値。「能力・適正」「採用可能性」「指導したいかどうか」は1から7までの7段階評価。
Corinne A. Moss-Racusin, John F. Dovidio, Victoria L. Brescoll, Mark J. Graham, & Jo Handelsman, "Science faculty's subtle gender biases favor male students," *Proceedings of the National Academy of Sciences*, Vol.109, No.41, October 9, 2012, pp.16475-16476. をもとにして作成。

でも同じでした。女性に対する無意識バイアスは、男性だけでなく女性も持っているのです。

「評価するが、一緒に働きたくない」

コロンビア大学ビジネススクール（当時）のフランク・フリン准教授も、女性に対する無意識バイアスについて実験を行っています。2002年、彼はコロンビア大学のMBAコースの授業で、学生たちを対象としたある実験を行いました（注10）。

授業に先立って学生たちに配られたのは、シリコンバレーの起業家ハワード・ロイゼンさんのケーススタディです。彼は、自ら起業したソフトウエア会社を10年以上経営した後、アップルの副社長として招かれ、さらにはベンチャー・キャピタルのパートナーも務めた人物です。

特に彼が秀でていたのは、ネットワーキング力でした。広範囲にわたる有力な人脈をつくり、それを活かして成功した人物として、ハーバード・ビジネススクールのケーススタディにも取り上げられたのです。米マイクロソフト社の創業者のひとり、ビル・ゲイツとも親交があります。

フリン准教授は、このケーススタディを読んだ学生たちに対して「ハワードにどんな印象を持ったか」などのアンケート調査を行いました。その結果、学生たちは彼を有能で結果を出せる人物だと評価し、彼と一緒に働いてみたいと回答しました。

ところが、実際には、ハワード・ロイゼンなる男性は存在しません。フリン准教授は、ケーススタディの作成元であるハーバード大学の許可を得て、わざと名前を書き換えたバージョンを一部の学生に配布していたのです。残りの学生には、実在するアップルの元副社長、ハイディ・ロイゼンさん（女性）の名前が書かれた本物のケーススタディが配布されていました。

その結果、名前（から想起される性別）が違うだけであるにもかかわらず、学生たちの印象が大きく違っていることがわかりました。ハワードもハイディも「有能で結果を出せる人物だ」と評価されていましたが、ハイディの名前が書かれたバージョンを読んだ学生たちは「彼女とは一緒に働きたくない」という印象を持っていました。学生たちは、ハワードよりもハイディのほうが「謙虚さに欠け、権力欲が強く、自己宣伝が過ぎる人間だ」と感じていたのです。

フリン准教授は、「好戦的な女性だと見なされるほど、ハイディに対する学生たちの拒否感は強まっていった」と述べています。

女性は創造性に欠ける?

もうひとつ、無意識バイアスの事例を紹介しておきましょう。専門性のある職業についてはどうでしょうか。たとえば、あるデザインを見たとき、そのデザインの作者が男性か女性かによって、見る側が抱く印象は異なるのでしょうか。

米デューク大学のデヴォン・プラウドフットさんらの研究グループは、ある建築物の写真を見せ、それを設計した建築家がどのくらい創造的だと思うかを尋ねるという調査を行いました（注11）。

その際、調査対象者を2つのグループに分けました。ひとつのグループには「その建築家が男性である」と、もうひとつのグループには「その建築家が女性である」とあらかじめ伝えたのです。

ここでもやはり、2つのグループの結果は大きく異なりました。建築家が女性だと聞

COLUMN 2 ■ スリムな女性は高収入

米フロリダ大学（当時）のティモシー・A・ジャッジ博士と英ロンドン・ビジネススクールのダニエル・M・ケーブル博士は、体重と収入の関係について実証分析を行っています。少しふざけた研究のように聞こえるかもしれませんが、心理学分野の一流学術誌『ジャーナル・オブ・アプライド・サイコロジー』に掲載された真面目な研究です。

ここでも、無意識バイアスの存在を示唆する結果が報告されています（注12）。

ドイツとアメリカで行われた大規模なパネル調査データを用いた分析では、どちらの国でも、男性では平均より痩せている人のほうが収入が少なく、女性では平均より痩せている人のほうが収入が多いことがわかりました。

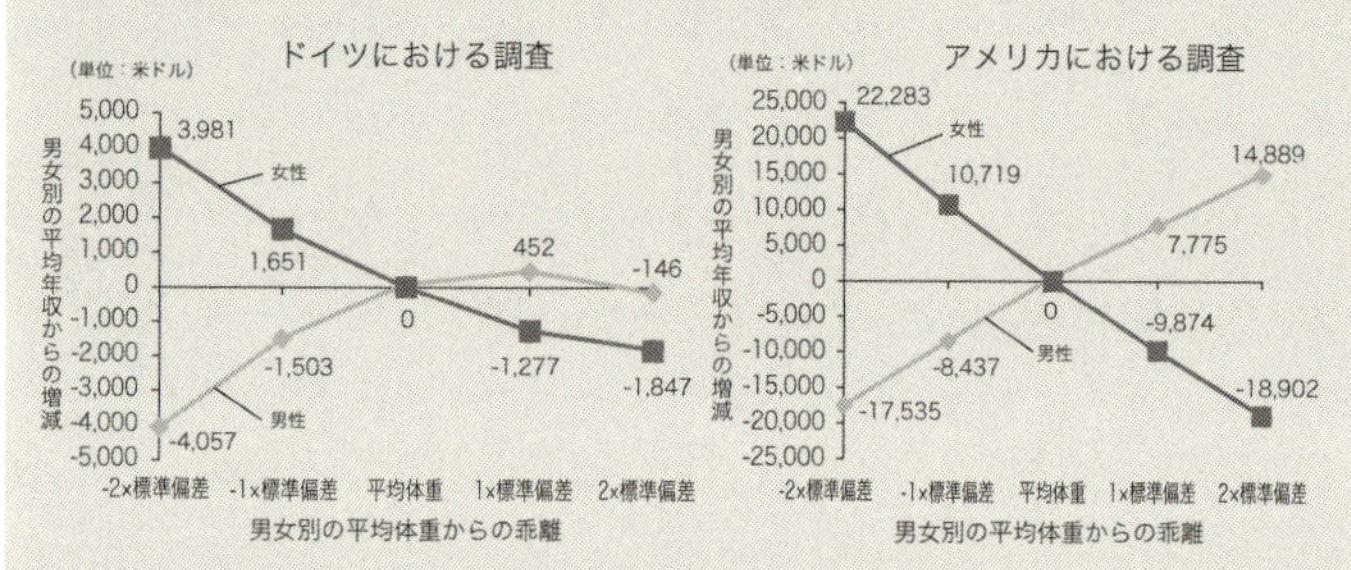

（注）ドイツの調査サンプルにおける平均体重は男性が67kg、女性が51kg、アメリカの調査サンプルにおける平均体重は男性が83kg、女性が67kg。
Timothy A. Judge, & Daniel M. Cable, "When it comes to pay, do the thin win? The effect of weight on pay for men and women," *Journal of Applied Psychology*, Vol.96, No.1, January 2011, pp.109. をもとにして作成。

また、平均より太っている場合は、男女ともその逆でした（分析結果は、年齢や身長、学歴、労働時間の長さ、勤めている業種など、体重や収入に影響しそうな要因をすべて差し引いたうえで計算された推定値です）。このことは、その本人の外見から受ける印象が年収に影響していることを示しています。

「収入と体重の関係が性別によって異なる」という事実に気づいている人が、いったいどれくらいいるでしょうか。私も含めておそらく大半の人が、この研究結果を見るまでは気づくどころか考えたことすらなかったのではないでしょうか。

これこそ、まさに無意識バイアスと呼ばれる所以です。

かされたグループより、男性だと聞かされたグループのほうが、その建築家を創造的だと評価していました。

ブラインド審査で増えた女性採用

氏名や性別などを伏せた選考（ブラインド審査）によって女性の採用が拡大することを裏付ける研究成果も報告されています。

米ハーバード大学経済学部のクラウディア・ゴールディン教授と米プリンストン大学経済学部のセシリア・ラウズ教授は、アメリカのオーケストラに着目して実証分析を行いました（注13）。

アメリカのオーケストラはもともと男性社会でした。たとえば、世界的な名門として知られる全米5大オーケストラ（注14）では1960年代後半まで、楽団員に女性奏者が占める割合はいずれも10％未満でした。楽団員を採用するときも、音楽監督が知り合いを連れてきたり、特定の演奏家の教え子だけを対象にして（その多くは男性でした）オーディションを行ったりするといった具合でした。

しかし、1970年代から徐々に、一般に開かれたオーディションが行われるようになります。氏名や性別などを伏せて審査するブラインド審査を導入する動きが広がりました。そして、このころから、オーケストラ奏者に占める女性の比率が徐々に増えてきたのです。

ただし、ブラインド審査が導入された時期と、女性奏者が増えた時期がほぼ重なるからといって、ただちにブラインド審査が女性の合格者を増やしたと結論付けることはできません。なぜなら、オーディションに応募する女性の数自体も増えてきたからです。より多くの女性がオーディションに応募するようになれば、合格する女性が増えてくるのは当たり前です。

ゴールディン教授らは、全米5大オーケストラを含む9つのオーケストラについて、過去のオーディション記録や楽団員名簿を精緻に調べ上げ、高度な統計的手法を用いて「女性奏者が増えたのは、ブラインド審査によるものか、あるいは応募する女性が増えたことによるものか」を分析しました。

その結果、ブラインド審査の導入によって、女性が1次審査をパスし2次審査(注15)へと進む確率が50%増加したことがわかりました。また、女性の新規採用者の3分の1

がブラインド審査の導入によるものだということもわかりました。

これは、ブラインド審査が人材採用の際に無意識バイアスを回避する効果をもたらしていることを示しています。

1%のバイアスが15%の違いを生む

無意識バイアスは、男女の昇進結果にどのくらいの影響力を持っているのでしょうか。コロンビア大学のリチャード・F・マーテルらが行ったコンピューターを使ったシミュレーション結果が、その答えを教えてくれます(注16)。

シミュレーションでは、8つの階層からなる組織モデルを用いました。最も低い役職の第1層が500人、最も高い役職の第8層が10人で構成されています。すべての階層で男性と女性が半数ずつの状態からスタートし、時間が経過するたびに15%の人が離職して空席が生まれるようにプログラミングされています。

また、すべての人に「業績を示す数値」がランダムに割り振られ、空席が生まれるたびに、1つ下の階層にいる人のなかから最も高い業績数値の人が昇進し、一番下の階層に生じた空席は新入社員によって埋められる仕組みにしました。

コンピューターを使ってこうした操作を繰り返し行い、開始時点にいた人がすべて離職するまで（入れ替わるまで）それを繰り返します。業績数値を性別に関係なくランダムに割り当てたとき、全員が入れ替わった後も、8つの階層のすべてで男女比は50％対50％のままでした。

では、業績数値を個人に割り当てる際に1％のバイアスを加えたらどうなるでしょうか。つまり、男性のみ、業績数値をランダムで割り振る際に（数値の分散の）1％分をかさ上げするのです。

すると、様子は大きく異なります。男性と女性とで昇進に差が生まれ、第8層の女性比率は35％と、バイアスを加えないときより15％低下することがわかりました（図表2-4）。たった1％のバイアスであるにもかかわらず、その影響はとても大きなものなのです。無意識バイアスを取り除くことがいかに重要かを物語るには、これで十分でしょう。

無意識バイアスを取り除くことなくして、女性リーダーが劇的に増えることはありません。ほんのちょっとしたバイアスでも、女性の昇進に大きな影響を及ぼし続けるからです。

図表 2-4　女性の能力に関するバイアスの有無と組織構成

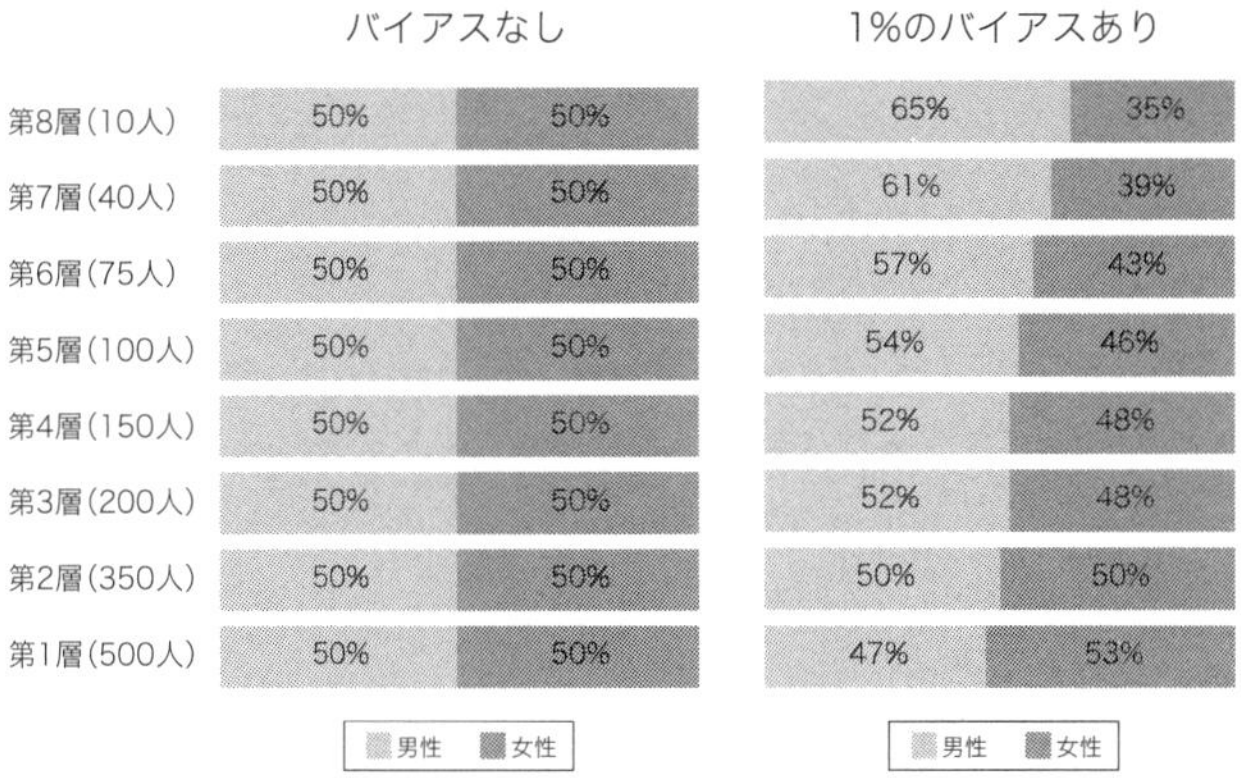

	バイアスなし		1%のバイアスあり	
	男性	女性	男性	女性
第8層（10人）	50%	50%	65%	35%
第7層（40人）	50%	50%	61%	39%
第6層（75人）	50%	50%	57%	43%
第5層（100人）	50%	50%	54%	46%
第4層（150人）	50%	50%	52%	48%
第3層（200人）	50%	50%	52%	48%
第2層（350人）	50%	50%	50%	50%
第1層（500人）	50%	50%	47%	53%

Richard F. Martell, David M. Lane, & Cynthia Emrich, "Male-female differences: A computer simulation," *American Psychologist*, Vol.51, No.2, February 1996, pp.157-158. をもとにして作成。

自信がない——もうひとつの要因

無意識バイアス以外にも、女性リーダー誕生を阻む要因があります。

それは、女性特有の自信の低さです。これが、リーダーシップを発揮することをためらわせる原因のひとつとなっています。

米ヒューレット・パッカード社が行った社内調査によると、社内公募があったとき、男性社員は、要求水準の60％しか満たしていないと感じていてもとりあえず応募してみようと考えるのに対し、女性社員は、要求水準を完全に満たしていると確信が持てなければ応募をためらう傾向にあることがわかりました(注17)。

イギリスのロイズＴＳＢ銀行では、人事考課目標を達成した女性行員の数が男性行員の数より８％多いにもかかわらず、女性行員は男性行員よりも昇進に手を挙げようとしない傾向があることが明らかになりました(注18)。

女性が自分自身を過小評価してしまう傾向は、驚くほどよく見られる現象です。

イギリスの女性政治家、シャーリー・ウィリアムズさんも、自信が持てずリーダーになることを躊躇した女性のひとりです。

彼女はもともとイギリス労働党に所属する下院議員でしたが、1981年に離党し、ロイ・ジェンキンス元蔵相、デイヴィッド・オーウェン元外相、ウィリアム・ロジャーズ元運輸相と4人でイギリス社会民主党を立ち上げることにしました。しかし、新党結成の際には、初代党首の有力候補だったにもかかわらず、名乗りを上げるのを拒みました。

後にウィリアムズさんは英『ガーディアン』誌の取材で、「当時の私は、同僚の男性政治家を過度に恐れ、遠慮していた」と振り返り、次のように述べています。

「つまるところ、党首としての責任の重さに気後れしたのです。自分では力不足だと思っていました」(注19)

「あなたは自分が思うよりもずっと美しい」

女性特有の自信の低さを示す映像もあります。ユニリーバのブランド「ダヴ」がキャンペーンの一環で作成した「リアルビューティースケッチ　あなたは自分が思うよりもずっと美しい」で、ユーチューブでも見ることができます（注20）。

アーティストが女性の似顔絵を書くという内容ですが、アーティストは女性の容姿を一切見ず、その女性による自身の顔立ちについての説明だけを頼りに似顔絵を作成します。と同時に、その女性をよく知る第三者にも女性の顔の特徴を尋ね、その情報だけにもとづいてもう1枚の似顔絵を作成します。そして最後に、その女性が2枚の似顔絵を見て、自分自身に対する自分の印象と他人の印象が大きく違っていることを発見するのです（図表2-5）。

大抵の場合、本人（その女性自身）の説明をもとに描かれた似顔絵よりも、第三者からの説明をもとにして描かれた似顔絵のほうが、明るく幸せそうな表情をしています。こうした差が生まれる背景にも、女性特有の自信の低さがあると考えられます。

こうした女性特有の自信の低さは、「周囲から拒絶されるかもしれない」という心配に由来しています。これに対して多くの男性は、割り切って考えています。「とりあえず試しにやってみた。でも、うまくいかなかった。それが何か?」と。

「自己宣伝ばかりしていると、かえって自分の評価にマイナスに働くのではないか」という心配から、自己宣伝するのは気が進まないと考える傾向も、女性特有の自己抑制的

図表 2-5 「あなたは自分が思うよりもずっと美しい」

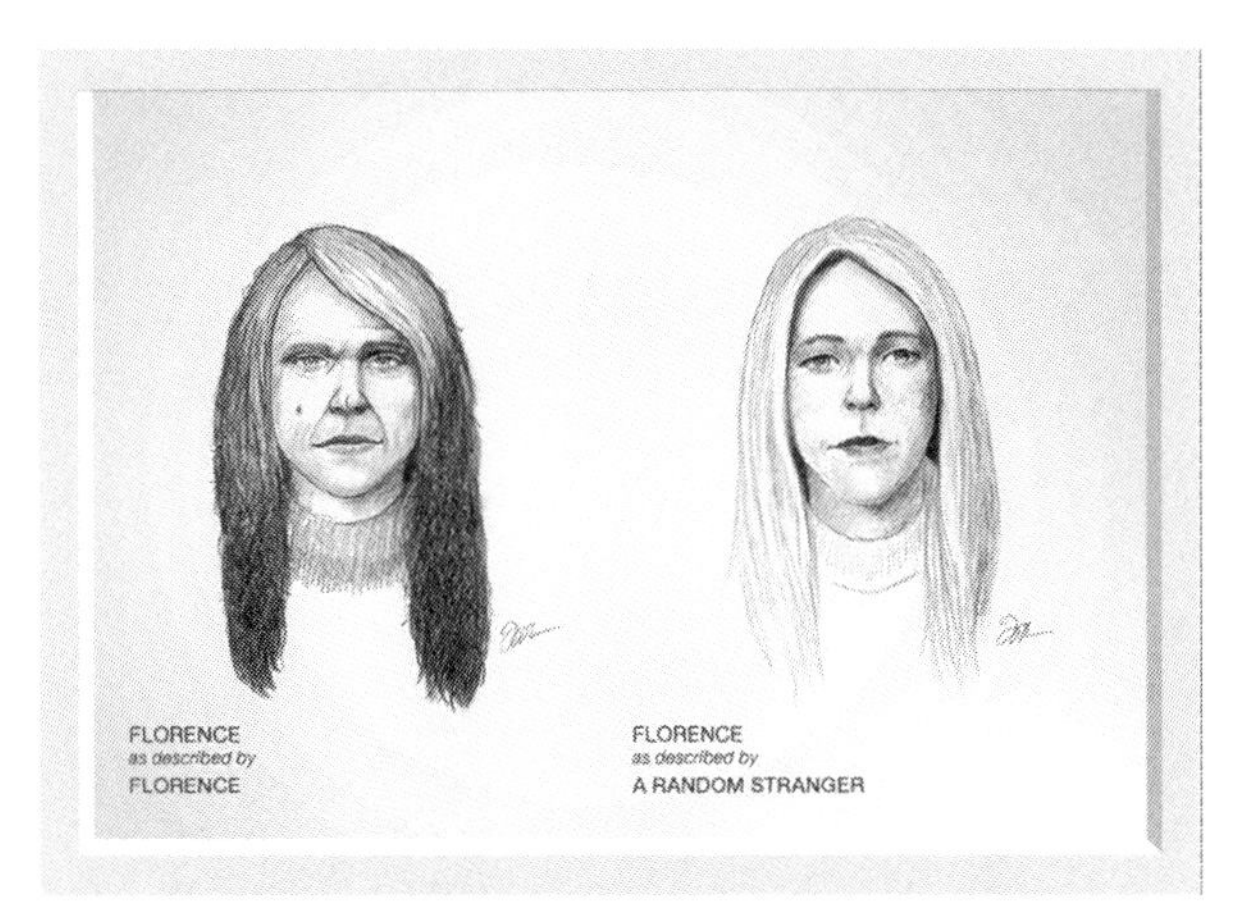

左が本人の説明にもとづいて描かれたもの、右が第三者の説明にもとづいて描かれたもの。
（出所）ダヴ「リアルビューティー スケッチ　あなたは自分が思うよりもずっと美しい」（2013 年）。© Ogilvy & Mather Worldwide.

な気質が影響していると考えられます。女性は、「自ら声に出して主張しなくても、成し遂げた成果そのものが自分を宣伝してくれる」と思い込む傾向にあるようです（注21）。ジェンダー学の研究者も、「多くの女性が、『自分自身の正当な欲求のままに行動し、正当な権利を主張することは自己中心的だ』と考えており、これを避ける傾向にある」と指摘しています（注22）。

しかし、現実は違います。一生懸命に努力して結果を出すだけでなく、自分に見合う処遇を自ら主張し、要求していくことも重要なことです。

本当は女性も野心的

女性特有の自信の低さは、どこから来ているのでしょうか。

この点についてマッキンゼー社は、世界のさまざまな業界に勤める管理職1400人（うち350人は経営会議のメンバー）を対象にアンケート調査を行いました。

その結果、「女性は男性と同様に野心的である（男性と同様に経営幹部レベルまで昇進したいと思っている）にもかかわらず、それを実現できるという自信が男性に比べて低い」ということが明らかになりました。

「将来、経営幹部レベルのポジションに就きたい」と回答した人の割合は、女性が79%、男性が81%と、性別による差はほとんど見られませんでした（日本で管理職に就いている女性にも同じ傾向が当てはまるかどうかは追加的な検証を待つ必要がありますが、少なくともグローバルの平均的な女性に関していえば、「女性は男性より野心的でない」というのは間違った見方です）。

しかし、経営幹部レベルまで昇進したいという野心を抱いている人のうち、実際にそれが成し遂げられると考えている人の割合は、上級管理職層で男性86%、女性69%、中間管理職層で男性76%、女性58%となっており、「特に中間管理職層で女性の自信が低い」というデータが得られています。

自信のなさは、そう思わせる組織が原因

昇進願望があるにもかかわらず、自分には無理だと考えてしまう女性特有の自信の低さの原因はどこにあるのでしょうか。内的な要因によるものでしょうか、それとも、組

織文化など外的な要因が影響しているのでしょうか。この点についても、マッキンゼー社は分析を試みています。

図表2-6は、「経営幹部に昇進したいという願望はあるが、自信を持てない女性」と「昇進願望も自信もある女性」が、それぞれの設問にどう答えたかを比較したものです。設問は、個人的な要因に関するものと、組織的な要因に関するもので構成されています。

個人的な要因に関する設問では、自信のない女性が同意した割合は、自信のある女性が同意した割合より平均8%下回っています。一方、組織的な要因に関する設問では、その割合が平均17%も下回っています。実に前者の2倍です。

このことは、個人的な要因もさることながら、組織的な要因（組織文化などの外部環境）が、昇進願望はあるが自信を持てない女性を生み出していることを示唆しています。

言い換えれば、「昇進したいという野心はあるが、実際にそれを成し遂げる自信があるかどうかは、個人レベルというより組織レベルで決まる」ということです。女性たちが自分の属している組織をどう感じているかが、大きな影響を与えているのです。

たとえば、「この組織では、女性に対しても平等に機会が与えられる」という設問では、

図表 2-6　個人的な要因か、組織的な要因か

調査における具体的な設問	経営幹部に昇進したいという野心があり、実現できると考えている女性が同意した割合（N=430）	経営幹部に昇進したいという野心はあるが、実現できないと考えている女性が同意した割合（N=113）	差	平均
（個人的な要因）				
私は売上に対する責任を負っていきたい	78%	75%	-3%	-8%
私は個人的な犠牲を払うことをいとわない	70%	68%	-2%	
自分の野心について語り、自己PRを行う	81%	69%	-12%	
昇進を要求したことがある	53%	38%	-15%	
（組織的な要因）				
この組織では、上層部に自己PRするのが容易である	63%	42%	-21%	-17%
女性のリーダーシップやコミュニケーション・スタイルは受け入れられやすい	62%	39%	-23%	
ジェンダー・ダイバーシティを大切にする組織文化がある	66%	48%	-18%	
ダイバーシティは、この組織の核となる価値のひとつである	60%	43%	-17%	
この組織では、女性に対しても平等に機会が与えられる	45%	12%	-33%	
成果を上げることは私生活を犠牲にすることを意味する（※）	26%	17%	-9%	
パートタイムで働くことは昇進の足かせとなる（※）	6%	0%	-6%	
出産・育児は昇進の足かせとなる（※）	29%	30%	1%	
私はワークライフバランスが確保できている	74%	48%	-26%	

（※）否定的な質問のため、同意しなかった者の割合を、「同意した割合」として表示している。
McKinsey & Company,"Women Matter 2013 - Gender diversity in top management: Moving corporate culture, moving boundaries," November 2013, pp.12. をもとにして作成。

昇進願望も自信もある女性の45％が同意していますが、自信のない女性は12％しか同意していません。「女性のリーダーシップやコミュニケーション・スタイルは受け入れられやすい」という設問では、昇進願望も自信もある女性の62％が同意していますが、自信のない女性はわずか39％しか同意していません。

少数ゆえの悪循環

最後に、「企業社会で活躍する女性が少ない」ということ自体が引き起こしている悪循環についても触れておきたいと思います。特に女性が少ない産業や企業ほど、その影響は大きくなります。

一般に、ある組織に占める割合が15％を下回っているとき、その少数派に位置する人たちのことを「トークン」と呼びます。トークンとは「象徴」という意味です。あるいは、「目につきやすいもの」「目立つもの」ともいえます。少数派に位置するものには、国籍や人種などさまざまな属性がありますが、そこにはもちろん性別も含まれます。

では、組織内の女性比率が15％を下回り、女性がトークンとして扱われる場合、どんな問題が起こるのでしょうか。

それは、その女性の行動が属性全体を代表してしまうことによる弊害です。

たとえば、ある会議で女性が紅一点だった場合を想像してみてください。彼女が何か発言すると、まわりの男性は「これが女性の考え方だ」「これが女性の振る舞いだ」というようにその女性の発言を一般化してとらえてしまう傾向があります。もちろん、それは間違いです。女性のなかにもさまざまな考えを持つ人がおり、一人ひとりまったく違います。女性同士で意見が対立することもあります。

しかし、女性がトークンだと、そうした事実は忘れ去られ、女性とはこういうものだといった誤解をしてしまいます。

トークンとなる女性も、自分が女性全体を代表していることに対するプレッシャーを感じています。その結果、ますますためらいが大きくなり、過度に慎重な行動をとるようになります。たとえば、会議の場で、質問すべきかどうかをさんざん悩んだあげく、結局、質問しなかった、などということも起こります。

しかし、それを見たまわりの男性たちはどう思うでしょうか。「会議に参加しているのに何も発言しないなんて……」などと誤解してしまうのです。

このように、トークンであることが、女性にとってマイナスに作用してしまうことがあります。

35%がティッピング・ポイント

組織内の女性比率が高まり、25%に達するころになれば、女性はトークンとして扱われなくなります。依然として少数派であることは変わりませんが、少なくとも周囲の人たちは、女性も一人ひとり異なるということを前提にして女性を見てくれます。

そして、女性比率がさらに高まり、35%に達すれば、多数派や少数派といった意識もなくなります。女性も男性も、性別という属性を気にせず、皆一人ひとりの個人だと見なすようになります。

35%が、そうした状態をつくり出すために最低限必要な値（ティッピング・ポイント）です（図表2-7）。

したがって、企業が女性管理職を登用しようとしたときには、この数値が最低限の目標となるでしょう。35%というのは、女性がトークンになることで生じる悪循環を断つ

図表 2-7　女性比率の拡大と状態の変化

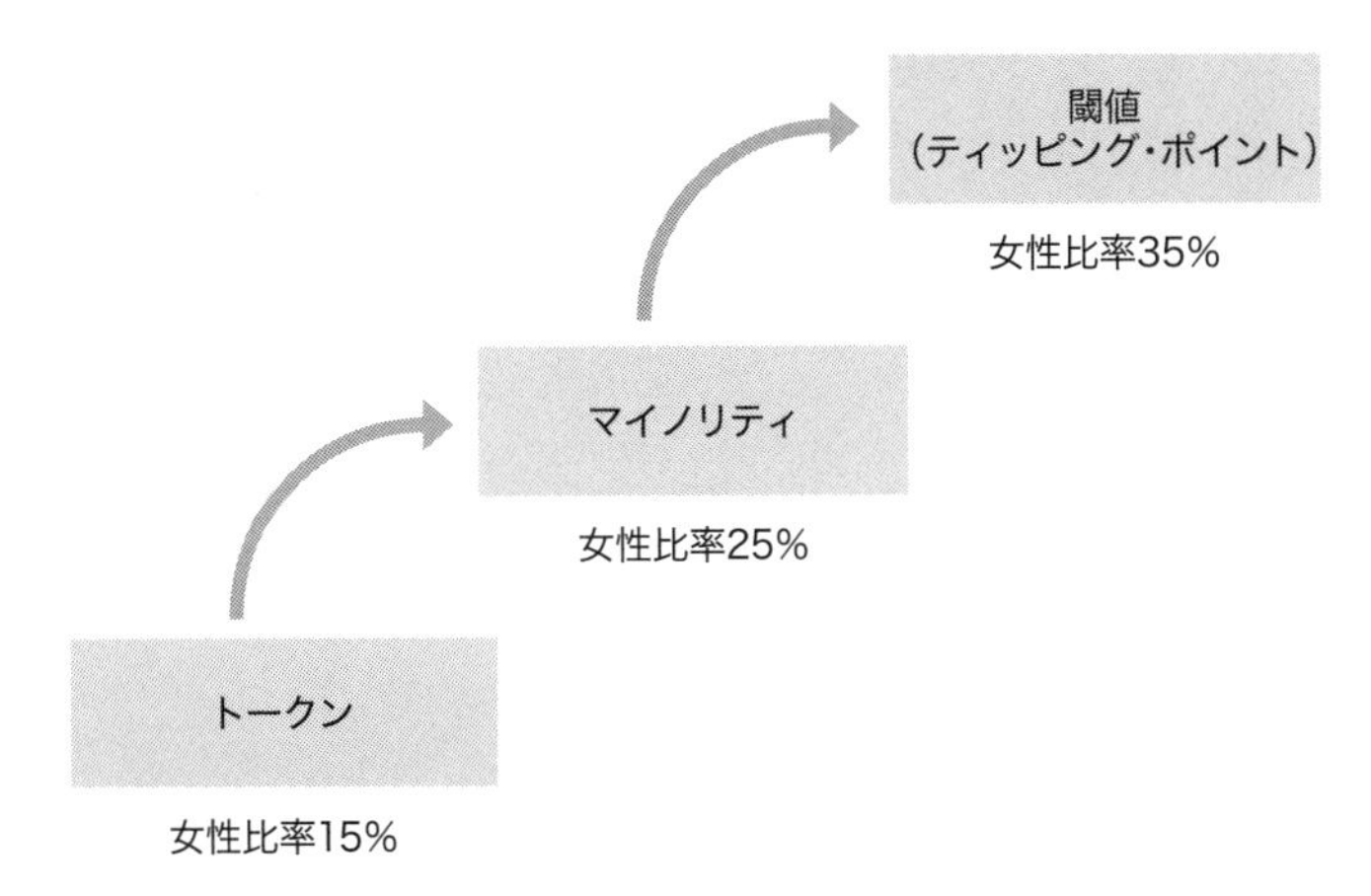

ために最低限必要な数字なのです。世界中で「ジェンダー・クオータ制」を導入する国が増えているのも同じ理由です。

また、組織をマネジメントする側の立場であれば、トークンが存在する状態は避けるべきでしょう。たとえば、社内でチームをつくるとき、「よし、ダイバーシティが大切だから、女性を1人加えてみよう」というのは、まったく意味がありません。むしろ、チームのパフォーマンスを下げてしまいます。

反対に、もし読者の皆さんがチームに唯一の女性として迎え入れられるようなことがあったら、次のように質問してみましょう。

「なぜ、私はこのチームにいるのでしょうか?」

第 3 章

性格は変えられないが、行動は変えられる

武器は「自分らしさ」——成功者だけが知っていること

リーダーになろうとする女性の多くは、「世間一般の人が考える典型的なリーダー（野心的で競争心があり、自立心と自信に満ちあふれ、積極的に自己主張する人物像）のように振る舞わなければならない。女性が持つ共同的な特性（優しくて思いやりがあり、人付き合いがよく友好的といった特性）は表に出さないようにしなければならない」と思っています。

アメリカのキンプトン・ホテルズ&レストランツの元COO（最高執行責任者）、ニキ・レオンダキスさんも、そう考えていたひとりです。キャリアの階段を昇りはじめたころは、同僚の多くが男性だったこともあり、彼らのリーダーシップ・スタイルを真似ようとしていました。

しかし、あるとき、こう気づいたと言います（注1）。

「私は、『協力的で、人々の個性を理解し尊重し、チームワークを大切にする』といった自分の強みを抑えつけて、自分ではない誰かになろうと一生懸命になっていました」

誰かの真似をするということは、仮面をつけることであり、偽りの自分をつくることです。ある程度の成果はあがるかもしれませんが、本当の自分でなくなればリーダーとしては成功しないでしょう。人がリーダーについていくのは、その人を信頼し、共感しているからです。少しでも偽りがあると感じた途端、その人についていこうという気持ちは失われてしまいます。

したがって、自分ではない誰か他の人のリーダーシップ・スタイルを真似ることは、よい結果を生み出しません。男女を問わず、すばらしい成功を収めてきたリーダーたちは皆、「自分らしいリーダーシップ・スタイル」を見出し、それを貫いています。

自分はいったい何者なのか

では、どうすれば、自分らしいリーダーシップ・スタイルを見出し、実践することができるのでしょうか。

ハーバード・ビジネススクールのビル・ジョージ教授らは、「自分らしさを貫き、それを継続するにはどうしたらよいか」という問いの答えを導き出すために、第一線で活躍している125人の優れたリーダーたちを対象にインタビューを行いました（注2）。

その結果、優れたリーダーたちには次のような共通点があることがわかりました。皆、「徹底した自己認識を行い、それを自分の行動の基礎としていた」のです。

「その第一歩は、自分史を振り返ることだ」とジョージ教授らは述べています。優れたリーダーは、自分の半生を振り返り、これまでにあったさまざまな経験のなかから自分が何を学んできたのかを考え、そこから、今後、自分が社会で何をすべきかを見出していたのです。また、聞きたくない周囲の意見にも耳を傾けて本当の自分の姿を認識し、欠点を改善しようとする姿勢も備えています。

それをもとにして、たとえ困難な場面に直面しても、自分史をもとにして認識した自らの価値観を体現するために勇気を持って行動しようとします。そして、自らを貫くという内発的な動機と、高い地位や報酬を得るといった外発的な動機のバランスをうまくとっているのです。

ただし、「自分らしさ」の意味を取り違えないよう注意する必要があります。自分らしさとは、新たに何かを学ぶことをせず、いまの自分が持っているものを大切にするということではありません。自分が大事だと思うことを実現するために、日々の経験から学び、自らの行動や振る舞いを進化させていくこと（自分は何者かという枠を広げていくこと）です。

特に、困難に直面し、これまで身につけたリーダーシップ・スタイルに逃げ込みがちになりそうなときこそ、勇気を持って新しい行動にチャレンジし、それを自分のものにしていくことが大事です。

ただし、あなたが「自分らしい」かどうかを決めるのは、あなたではなく、フォロワーだということに注意しなければなりません。なぜなら、リーダーシップというものが、リーダーとフォロワーの関係で成り立っているからです。

あらゆる階層のリーダーたちを対象にコンサルティングを行ってきたロンドン・ビジネススクールのゴーフィー教授らによれば（注3）、本物のリーダーだ（自分らしさを貫くリーダーだ）と認めてもらうには、次の2つのポイントが重要となります。

・言行一致を徹底する
・（自分自身を理解してもらうために）部下たちとの共通基盤を見出す

言行一致を貫きつつ、相手に自分を理解してもらえるよう、そのときどきで自分のさまざまな側面を使い分けていくという絶妙なバランスが必要です。

ビッグ・ファイブ——欠点も強みになる

そのためにも、自分の性格を正しく把握し、理解しておくことが重要です。どんな性格でも、その活かし方しだいで、強みにも弱みにもなるからです。いついかなる場面でも強みになる性格（あるいは弱みになる性格）というものはありません。

たとえば、自己主張の強い人がいたとします。そうした特性は、プレゼンテーションなどの場面で活きてきます。また、意見がまとまらない会議で説得力ある意見を出すことができれば、皆から一目置かれる存在になれます。しかし、発言内容が傲慢だったり、周囲に威圧感を与えたりするものなら、「なんて強引な人だ」という悪い印象を与えてしまいます。

長年の研究成果から、心理学では、人の性格は次の5つの要素（ビッグ・ファイブ）に分解できるという考え方が広く支持されています。

・情緒安定性
・外向性
・開放性
・協調性
・勤勉性

すべての人がこの5つの要素を持ち、それぞれが高いか低いかによって、さまざまな性格を説明することができます。前述したとおり、その要素が高いから強みに、低いから弱みになるというわけではないのです。

たとえば、情緒安定性が高いと「変化に強く、落ち着いている」と評価されますが、状況によっては「周囲に無頓着で無関心、退屈だ」とネガティブに見られてしまいます。一方、情緒安定性が低いと「すぐに反応し、スピード感がある」と評価されますが、「安定感に欠け、心もとない、感情的だ」と見なされてしまう場合もあります。

性格の違いは、人との接し方や問題解決への取り組み方などの行動特性と密接に関係します。これまでの研究によれば、性格の半分は生まれつきのものであり、残り半分は、

COLUMN 3 ■ ビッグ・ファイブの測り方（注4）

長年の研究成果から、心理学では人の性格は「ビッグ・ファイブ」と呼ばれる５つの要素（情緒安定性、外向性、開放性、協調性、勤勉性）でとらえられるという考え方が支持されています。

ビッグ・ファイブの測定にはさまざまな方法がありますが、米テキサス大学のゴスリング教授らは「10の質問票（Ten Item Personality Inventory：TIPI）」を用いてビッグ・ファイブを特定する方法を開発しました（注5）。この方法は、その簡便さから支持され、現在17カ国で翻訳されています（日本語版の開発は早稲田大学の小塩教授らが行いました）。自分がどんな性格の人間かを把握するのに役立ちます。

なお、TIPIでは、ビッグ・ファイブのひとつ「情緒安定性」を、その反対の要素となる「神経症傾向」と表記しています。

【質問票】項目１から項目10までの言葉からあなた自身にどのくらい当てはまるかについて、下の枠内の１から７までの数字のうち最も適切なものを括弧内に入れてください。文章全体を総合的に見て、自分にどれだけ当てはまるかを評価してください。

全く違うと思う	おおよそ違うと思う	少し違うと思う	どちらでもない	少しそう思う	まあまあそう思う	強くそう思う
1	2	3	4	5	6	7

私は自分自身のことを……

項目１　（　　）　活発で、外交的だと思う
項目２　（　　）　他人に不満を持ち、もめごとを起こしやすいと思う
項目３　（　　）　しっかりしていて、自分に厳しいと思う
項目４　（　　）　心配性で、うろたえやすいと思う
項目５　（　　）　新しいことが好きで、変わった考えを持つと思う
項目６　（　　）　控えめで、おとなしいと思う
項目７　（　　）　人に気をつかう、優しい人間だと思う
項目８　（　　）　だらしなく、うっかりしていると思う
項目９　（　　）　冷静で、気分が安定していると思う
項目10（　　）　発想力に欠けた、平凡な人間だと思う

【採点方法】

外向性　　＝項目１の点数＋（８－項目６の点数）
協調性　　＝（８－項目２の点数）＋項目７の点数
勤勉性　　＝項目３の点数＋（８－項目８の点数）
神経症傾向＝項目４の点数＋（８－項目９の点数）
開放性　　＝項目５の点数＋（８－項目10の点数）

主に幼児期の経験によって形成されると考えられています（注6）。性格は変えられないのです。ただし、大人になってからでも、人生を大きく変えてしまうような重大な出来事が起きたときには稀に変化することもあるとされています（注7）。

これら5つの要素がもたらす行動特性と、それがネガティブに見られた場合の印象をまとめたのが、図表3-1です。図表からは、どんなにポジティブに見える特性でも、見方によってはネガティブになることがわかります（この章の後半では、人を率いていくときに特化し、ビッグ・ファイブのそれぞれの要素にどんなリスクが潜んでいるのか、それを克服するにはどうすればよいかを紹介します）。

また、リーダーに適した絶対的な性格というものもありません。優れたリーダーになるには、徹底して自分と向き合い（自己認識）、自分の性格が持つ強みや弱みを正しく理解しておくことが不可欠です。

スタンフォード大学経営大学院の顧問委員会のメンバー（75名）を対象にした調査でも、「自己認識力こそ、リーダーが伸ばすべき最大の能力だ」という結果が示されています（注8）。

図表 3-1　行動特性とネガティブにとらえられた場合の印象

低い		高い
すぐに反応する、スピード感がある （安定感に欠ける、感情的）	情緒安定性	変化に強い、落ち着いている （無頓着、無関心、退屈）
控えめ・遠慮がちな、思慮深い （冷淡、自己陶酔）	外向性	社交的、積極的 （目立ちたがり屋、強引）
現実的、データ主義 （閉鎖的、独断的）	開放性	創造的、感受性が豊か （予測できない、散漫）
競争心が強い、チャレンジング （議論好き、理屈っぽい、信頼できない）	協調性	思いやりのある、協力的な （ナイーブ、従順）
柔軟、自由奔放 （ずさん、当てにならない）	勤勉性	粘り強い、まっしぐら （強情、しつこい）

（注）カッコ内はネガティブにとらえられた場合の印象。
Ginka Toegel & Jean-Louis Barsoux, "How to Become a Better Leader," *MIT Sloan Management Review*, Vol.53, No.3, 2012, pp.54. をもとにして作成。

アドバイスがきっかけになることも

自己認識のきっかけはさまざまですが、キャリアの早い段階での、信頼する同僚や上司からのアドバイスがきっかけとなることもあります。

ＮＢＡユニバーサルメディアでエンターテインメント・デジタル・ネットワークス＆統合メディア部門のトップを務めたローレン・ザラーズニックさんは、最初の上司から受けたアドバイスが最も有益だったと話しています（注9）。

「今後、同僚や上司など、たくさんの人たちからフィードバックをもらうことになると思いますが、きっと、そのなかには納得できないものもあるでしょう。しかし、大勢の人が繰り返しそう指摘するなら、実際に自分はそんなふうに見られていると考えたほうがよいのです」

また、ゼネラルモーターズ社の米国セールス・サービス・マーケティングチームでヘッドだったスーザン・ドカティさんの場合は、父親からのアドバイスでした（注10）。まだ彼女がアパレル会社で働いていた20代のとき、自分の仕事ぶりについて尋ねると、こう答えてくれたそうです。

「大変すばらしい仕事ぶりで、やりたいことは何でもできるだろうが、偉そうな（bossy）振る舞いが、これからのキャリアの足かせになるかもしれないよ」

最初はショックでしたが、これが転機となりました。父親のアドバイスは正しく、自分のスタイルがどう認識されていたかを理解したと彼女は語っています（注11）。

「boss であることと bossy であることはまったく違います。女性にとって bossy と認識されることは、男性よりもネガティブな影響があることに気づきました。それからは、人の意見に耳を傾け、それぞれの人の個性を理解し、尊重することを重視するようにしました。すでに自分が意見を持っていて、どうすべきかわかっていたときでも、『どう思う？』『どうしたい？』『あなたのアイデアは？』と聞くようにしています」

その結果、新しい視点や思いがけないアイデアと出合えることもあるそうです。

行動は変えられる――強みと弱みをコントロールする（注12）

一見するととても自然に見えるリーダー、たとえば、英ヴァージン・グループの創業者であり会長のリチャード・ブランソンさんも、自分自身と真摯に向き合い、自らの行動をコントロールしています。

「行動をコントロールする」と聞くと、それでは自分らしさを失ってしまうのではないかと心配されるかもしれません。たしかに、誰かの真似をしたり、教わったスキルを単に使ったりするだけでは、偽物だと思われることがあります。しかし、なぜそうする必要があるのかを理解したうえで行動を変えれば、自然と自分のものになっていきます。

性格（どういった行動をとることを好むか）は変えられませんが、行動は自分の意思で変えられるのです。

会社を宣伝するために派手な衣装を身にまとうこともあるブランソンさんは、英『インディペンデント』紙のインタビューでこう述べています（注13）。

「派手なコスチュームを着てくれと頼まれると、自分が見せ物になったようで、いつも胃が痛くなります」

また、もともと華々しいイメージとは無関係で、役割を演じることを学んだだけだと話す彼は、『ストラテジー＋ビジネス』誌にこんなコメントを寄せています（注14）。

「航空事業を始める前は、シャイで内気な人間でした。人前でスピーチすることができず、社交的ではありませんでした。いまのようになるには自分を訓練する必要がありました」

このように、成功しているリーダーは徹底的に自分と向き合い、行動をコントロールしているのです。近年では、企業側も自己認識の重要性に気づき、自分の性格についてリーダーがフィードバックを得られる機会を増やそうとしています。

私はこれまで2000人以上のシニアエグゼクティブにインタビューをしてきましたが、そうした経験からも「個人の性格がもたらす行動特性のなかには、人を率いていくときにネガティブに作用するものもある」ことがわかってきました。

以下では、ビッグ・ファイブのそれぞれの要素が高いか低いかに関連して、どんな行動にどんなリスクがあるのか、それを克服するにはどうすればよいかを紹介します。

1　情緒安定性が抱えるリスクに対処する

リーダーは常にストレスや不確実性と対峙しなければなりません。そのためには、情緒が安定していることが何よりも重要です。しかし、ときにはそれがネガティブに作用することもあります。

情緒安定性が高い場合（冷静だが自信過剰）

プレッシャーが強い環境下でリーダーが冷静さを保てば、人々は安心します。実際、私がこれまでコーチングしてきたリーダーたちの多くは、冷静さを保つ能力に誇りを持っていました。

しかし、冷静すぎると、相手から魅力がないと思われたり、緊急性の認識に欠けると見られたり、あるいは自信過剰だと思われたりすることもあるので注意が必要です。実際、そうしたリーダーと仕事をしていくのは大変骨の折れることです。

情緒安定性が低い場合（すぐに反応するが安定感に欠ける）

成功するリーダーのなかには、とても気の短い人もいます。これまでコーチングを行ってきたリーダーのなかにも、ストレス耐性が低く、冷静さを保つのに苦労している人がいました。問題は、周囲から見えず、また予想できないかたちで蓄積されてきた怒りなどの感情が、ある日突然、あふれ出てしまうことです。

これに対するひとつの改善策は、「誰かに伝える」「紙に書く」などして、感情を言語化することです。脳の研究者によれば、感情を言語化することが、その感情を抑えるのに役立つといいます。ネガティブな感情を言語化することで、自分を弱く見せてしまうのではないかと心配するかもしれませんが、そうではありません。むしろ、人間的な余裕や自信を相手に感じさせることにつながります。

2 外向性が抱えるリスクに対処する

外向性の高い人は、社交的でありエネルギッシュで、人と一緒に過ごすことを好みます。リーダーシップとは他人に影響を与えることであり、こうした特性を持つ人が、リーダーとして見られることも多くあります。しかし、外向性の高いリーダーが良いリーダーかといえば、必ずしもそうではないようです。

外向性が高い場合（エネルギッシュだが自己主張が強すぎる）

外向性の高い人は、人の話を聞かない傾向があり、自己主張が強すぎる、威張っていると見られることもあります。ある食品メーカーのマネジャーは、コーチングを通じて、これまで打ち合わせや会議で自分ばかりが話していたことに気づきました。今後は、相手の話を聞く能力も高め、自己主張が強くない人にも意見を言う場をもっと提供していきたいと考えるようになったといいます。

これまでもそうした指摘は受けていたようですが、真剣に受け止めたことはなかったそうです。「それこそが自分の聞く能力のなさだ」と言っていました。

自分ばかりが話をしてしまう場合の解決策としては、「フォー・センテンス・ルール(four sentence rule)」が有効です。何か言おうとしたとき、必ずいったん4つの文で区切り、皆にこう尋ねるのです。「話を続けたほうがいいですか?」と。

また、外向性が高いリーダーはとても行動的ですが、それが人を鼓舞するときもあれば、人を疲れさせ、うんざりさせるときもあるので注意が必要です。エネルギッシュでありすぎると、状況を混乱させ、人々を不安にさせてしまうこともあるのです。常に人々のニーズを把握し、自分のエネルギーレベルを調整していくことが重要です。

さらには、ゆったりしたペースの持ち主とのあいだに緊張を生み出すリスクもあるので注意しましょう。そうした人たちが持っている鋭い視点やすばらしいアイデアが出てこなくなってしまう恐れがあります。

外向性が低い場合（思慮深いが関係性が低い）

外向性が低い内向的なリーダーは、コミュニケーションやプレゼンテーションの仕方や、人とのかかわり方を学ぶ必要があります。常に人とコミュニケーションをとることは、内向的なリーダーにとって容易なことではないからです。

ヤフーの元ＣＥＯ、キャロル・バーツさんは、自らを社交的と内向的のボーダーラインにいる人間だと認めています。あるインタビューでは、「ひとりになる時間を確保することで元気を取り戻していた」と語っています（注15）。

内向的なリーダーは、自分だけの時間を確保することでバランスを保っています。

3　開放性が抱えるリスクに対処する

開放的であることは、知的好奇心が旺盛で、大局観を求める傾向があることを意味します。リーダーにとっては重要な資質ですが、人とつながる場合には、それが役に立たないこともあります。

開放性が高い場合（イノベーティブだが散慢）

物事をさまざまな視点から検討することは重要です。しかし、それが行きすぎると、明瞭さや一貫性を好む人たちをいらだたせる恐れがあります。リーダーが仮定を前提とした議論ばかりしていると、人々は不安を感じるでしょう。

アムジェン社の元CEO、ケビン・シャーラーさんもそのひとりです。複数の長期的な戦略をあれこれ考えることが好きでしたが、CEOがそうした議論ばかりしていると組織を不安定化させてしまうことがあると気づいたそうです。

そのような場合は、自分を冷静にさせてくれる人をそばにおいたり、長期的な視点での議論を制限したりするのがよいでしょう。

また、リーダーの発言が不明瞭だったり、提唱するアイデアが複雑だったりすると、人々を困惑させてしまうこともあります。言いたいことをシンプルにまとめ、誰もがわかる言葉で説明できるように努めましょう。

サンガード・データ・システムズ社の元CEO、クリストバル・コンデさんは、自分の考えが皆にうまく伝わらないと悩んでいたとき、当時の上司からこんなアドバイスをもらったそうです。

「君は大変優秀だが、やろうと思っていることが多すぎる。18個もTO DOリストに挙げておくなんて。皆が理解できる数に絞るべきだ」

以来、彼は、何ごとも3つに絞るようにしているそうです(注16)。

開放性が低い場合(現実的だが保守的)

データにもとづいて判断することを好み、変化を好まないリーダーは、何も情報がないなかで判断していくことを学ぶ必要があります。それにはまず、自分自身をいまいる居心地のいい場所から押し出すことが重要です。

製造オペレーション部門出身のあるリーダーは、自身がデータ主義であることを認めつつ、昇格したときにはこれまでの保守的な考え方から抜け出るよう努力したといいます。より大局的な観点から物事を見ることができるタスクフォースに自ら進んで参加したそうです。

4　協調性が抱えるリスクに対処する

協調性はその人の好感度を高めますが、実はリーダーシップとの関係性はそれほど明確ではありません。協調性以外の4つの要素の高低ではいずれも効果的なリーダーシップとの関係性がある程度見られますが、協調性にはそうした傾向がないのです。たとえば、投資銀行のような競争的な環境下では、協調性の低さが有利に働くこともあります。

協調性が低い場合（チャレンジングだが攻撃的）

強固な意思を持つリーダーは、ビジネスにおけるタフな場面でも毅然とした態度で臨みます。それは、交渉などでは功を奏しますが、人を不快な気持ちにさせたり、無頓着に思ったことを何でも口にしたりするため、攻撃的だと思われてしまうこともあります。

批判的な意見を述べる際には、相手の考えを批判しているのであって、その人を批判しているわけではないということを明確にしたほうがよいでしょう。

また、批判的な意見を言う前に「議論を活性化させるために、わざと反対の立場をとります（悪魔の代弁者になります）」などとコメントしたり、「こう言うと厳しく聞こえるかもしれませんが……」といった前振りをしたりすることも、ネガティブな印象を和らげるのに効果的です。

競争的なリーダーは、「容赦ない」「協力的でない」「大局観に欠ける」と見られがちです。当面はそれでもうまくやっていけますが、同僚や部下の信頼を得るのは難しいでしょう。より上のポジションに就いたとき、同僚や部下からサポートを得られないことが致命的な事態となることもあります。

誰かの提案に対して、「でも……」や「しかし……」など、それを否定する言葉から話しはじめることが多いことにも注意が必要です。そうした言葉の代わりに、建設的な印象がある言葉で話しはじめるようにするのも一案でしょう。

また、なかなか本音を漏らさないことも、信頼を得るのを難しくします。ある自動車メーカーのプロジェクトディレクターは、自分があまりオープンな人間ではなかったことを認めたうえで、「自分が何を考えているかを皆にシェアしなければ、新たなチームメンバーと信頼関係を築いていくのは難しい」ということに気づきました。

会議では常に自分や家族のことを、ときには自分が苦しんでいることや自分がドイツ人であることについてのジョークを織り交ぜたりしながら話すことにしたといいます。

協調性が高い場合（思いやりがあるが、やさしすぎる）

協調性があり思慮深いリーダーは人の意見にも熱心に耳を傾け、まわりからも頼りにされます。しかし、「ネガティブなフィードバックをしない」「人を怒らせてしまうようなリスクのある決断をしない」といった傾向もあります。

ジョージ国際保健研究所の元エグゼクティブ・ディレクター、スー・マレーさんも、そうしたリーダーのひとりでした。彼女は、あるインタビューで自身の弱点について尋ねられたとき、「いい人になりすぎていた」と述べています。

いい人になりすぎて決断すべきときにしないというのは、事態の先延ばしにすぎず、結局は誰の助けにもならないのです（注17）。協調性の高いリーダーは「なぜ自分は人に好かれたいのか」を自らに問う必要があります。

こうしたリーダー対して私は、次のようなアドバイスをしています。

「好かれたいではなく、フェアだと思われたいと考えるようにしましょう」

オランダのエラスムス大学ロッテルダム経営大学院のダーン・ファン・クニッペンバー

グ教授らの調査によれば、一般的に従業員は好きかどうかより、フェアかどうかでマネジャーを評価しています（注18）。

5　勤勉性が抱えるリスクに対処する

勤勉性はリーダーにとって重要な資質です。しかし、一歩間違えると組織が機能不全に陥るリスクもあるので注意が必要です。

勤勉性が高い場合（集中力があるが完璧主義）

勤勉性の高いリーダーが直面するリスクのひとつは、「完璧主義ゆえに細かなところばかりにとらわれ、大局観を見失いがち」ということです。細かなことにこだわりすぎる傾向がある人は、「これに時間をかける価値があるのか」「他のことに時間を使うべきではないか」を自らに問う必要があります。リーダーが細かなことにこだわりすぎると、部下は仕事に対して前向きに取り組まなくなります。

また、勤勉性が高いリーダーは、自分のプライベートライフを犠牲にしてしまう恐れもあります。仕事に熱中し目標達成に真剣になるあまり、ゴールに達したときには燃え尽きてしまい、ワークライフバランスが崩壊してしまうのです。仕事に打ち込みすぎて家族と過ごす時間がなくなればなくなるほど、家族との関係性が薄れ、それによってさらに仕事に打ち込むといった悪循環が生まれます。この悪循環は、なんとしても打ち破るべきです。

とはいえ、ハードワークという癖は、一夜にして改善できるものではありません。たとえば、「1週間ごとに、1日あたりの仕事時間を15分ずつ減らしていく」といったかたちで徐々に改善していくのがよいでしょう。

勤勉性が低い場合（柔軟だがいい加減）

決断する前に、十分すぎるほどの分析を行うリーダーもいれば、直感で即決するリーダーもいます。こうしたリーダーにとっては、あえて反対意見を言う人を自分のそばに置いておくのがよいでしょう。

積極的な気持ちにしておく――自信をつける①

女性がリーダーシップの発揮をためらう原因のひとつに、自信の低さがありました。この問題を克服するにはどうしたらよいでしょうか。

幼少期の教育が原因なのか、あるいは組織内での女性に対する扱いが原因なのかなど、自信のなさがどこから来るのかを探ることが、克服するための第一歩となります。

さらには、ちょっとした工夫で、重要な場面での自信を高めることもできます。自信のなさを克服するのに役立つ2つの研究成果を紹介しましょう。

ひとつは、コロンビア大学ビジネススクールのアダム・D・ガリンスキー教授らの研究です。ガリンスキー教授らは、「組織のフラット化やマトリックス化が進み、臨機応変にチーム編成がなされるようになると、第一印象の重要性が増す」と指摘しています。グループにおける階層はすぐに構成され、多くはそのまま維持される傾向にあるからです。

したがって、価値ある人物だと見なされるには、第一印象が重要です。アメリカには、

「一度与えた第一印象をつくり直すチャンスは二度とない（You never get a second chance to make a first impression）」といった諺もあります。

ガリンスキー教授らは、「風貌や生まれ持った属性はコントロールできないが、第一印象に重要な影響を与えるマインドセットや行動はコントロールすることができる」という実験結果を公表しました（注19）。

具体的な方法はこうです。重要な打ち合わせの前に、あらかじめ紙とペンあるいはスマートフォンでメモをとっておきます。メモには、自分が目指す大きな目標や、人生で実現したいこと、人と比べて自分が得意だと感じていること、ワクワクしたり楽しいと感じたりした経験などを記します。こうした文章を書くことで、積極的な行動がとれる心理状態をつくり出しておくのです。そうした心理状態のもとで、前向きな行動が生まれ、それがより良い第一印象を人に与えるそうです。

人の行動の根幹にある動機付けには、行動を起こすのをやめようとする「回避・阻止モチベーション」と、行動を起こそうとする「接近モチベーション」の2つがありますが、メモを作成することで後者を事前に高めておくのです。それによって、価値ある人だという印象を人に与えやすくなります。

教授らが行った実験は、次のとおりです。

まず、参加者を3つのグループに分け、ひとつのグループには接近モチベーションに関する内容（たとえば、自分が目指す大きな目標や人生で実現したいことなど）を、もうひとつのグループには回避・阻止モチベーションに関する内容（仕事上の義務や責任は何かなど）を、3つ目のグループにはどちらにも関係のない内容（昨日の夕飯は何だったかなど）を書いてもらいました。そして、これら3つのグループをミックスさせたチームを編成し、課題（たとえば、会社を存続させるには何が必要かなど）について議論してもらいました。

そのうえで、「最も影響力があったのは誰か」を互いに評価してもらいました。

結果は明らかでした。事前に接近モチベーションに関する内容の文章を書いた人たちは、「最も影響力のある人だ」と他のメンバーから評価されました。

力のあるポーズをとってみる——自信をつける②

もうひとつは、ハーバード・ビジネススクールのエイミー・カディ准教授の研究です。

その研究内容は「Your body language shapes who you are」として、イギリスのエジンバラで開催された「TED Global 2012」でも発表されました。大勢の人たちの支持を受け、TED Talks のなかでも数多く視聴されている動画のひとつです。

ボディランゲージに着目した研究を行っているカディ准教授は（注20）、「力のある人は、腕をVの字に突き上げ、あごをやや前に突き出すようなポーズをとる」といいます。これは人間だけでなく動物も同じだそうです。視覚障害者も、力を感じたときには同じようなポーズをとるそうです。

一方、無力さを感じているときは、体を小さく丸めるなど、まったく逆のポーズをとるといいます。

そして、両者では、心理状態も大きく異なっています。力があふれている人は、たとえ運任せのゲームでも勝てると信じるなど、自信にあふれており、楽天的です。

カディ准教授は、「心が体に影響を及ぼすのであれば、体も心に影響を及ぼすのではないか」という仮説を立てました。力がみなぎっている人のポーズをとれば、実際に力強い行動をとれるようになるのではないか、ということです。

そこで、まずは力強いポーズ（あるいは力のないポーズ）をとってもらい、その後でストレスの強い5分間の面接を受けてもらうという実験を行いました。その面接の様子を録画した映像を、仮説や実験目的について何も知らない人たちに見てもらい、「その人を採用したいと思うかどうか」、評価してもらいました。

その結果、「この人を採用したい」と評価されたのは全員、力強いポーズをとった人でした。力強いポーズが心に影響を与え、心が行動を変えていくことが明らかになりました。

ちょっとした努力によって、日々訪れる重要な場面での自信のなさを克服し、自分をよりよい状態に持っていくことは可能なのです。その積み重ねが大きな変化を生み出し、大きな成果に結びついていくはずだと、カディ准教授は主張します。

胸を張って自分を大きく見せる「力のあるポーズ」をぜひ試してみてください。

女性上司を好む人が増えている

この章の最後に、勇気づけられるデータをいくつか紹介したいと思います。

まずは、男女どちらの上司を好むかというデータです（図表3-2）。世論調査を専門とする米ギャラップ社が、1953年から2013年までアメリカで調べたものです。

この調査によれば、男性上司を好む人が66％から33％へと減少しているのに対し、劇的ではありませんが、女性上司を好む人が徐々に増えています。「どちらともいえない」という人も25％から44％まで増えています。

こうしたデータの推移からも、男性リーダーが絶対的なものではなくなってきていることが、そして、女性リーダーが徐々に社会に受け入れられつつあることがわかります。

もうひとつは、スイスのクレディ・スイスによる調査です。シニアマネジメントポジションにおける女性比率と、その企業のパフォーマンス（ここでは株主へのリターン）を分析したものです（図表3－3）。

この調査によれば、上級管理職における女性比率が高くなればなるほど、その企業のパフォーマンスが高いことがわかります。

もちろん、この因果関係については慎重に考える必要があります。おそらく、女性の登用が進んだ結果、組織文化がオープンなかたちに変化し、それが、パフォーマンスへの媒介となったのだと思われます。女性の上級管理職比率の高さは、組織のオープンなカルチャーの指標ともいえるでしょう。

図表 3-2　上司の性別に対する好みの変化

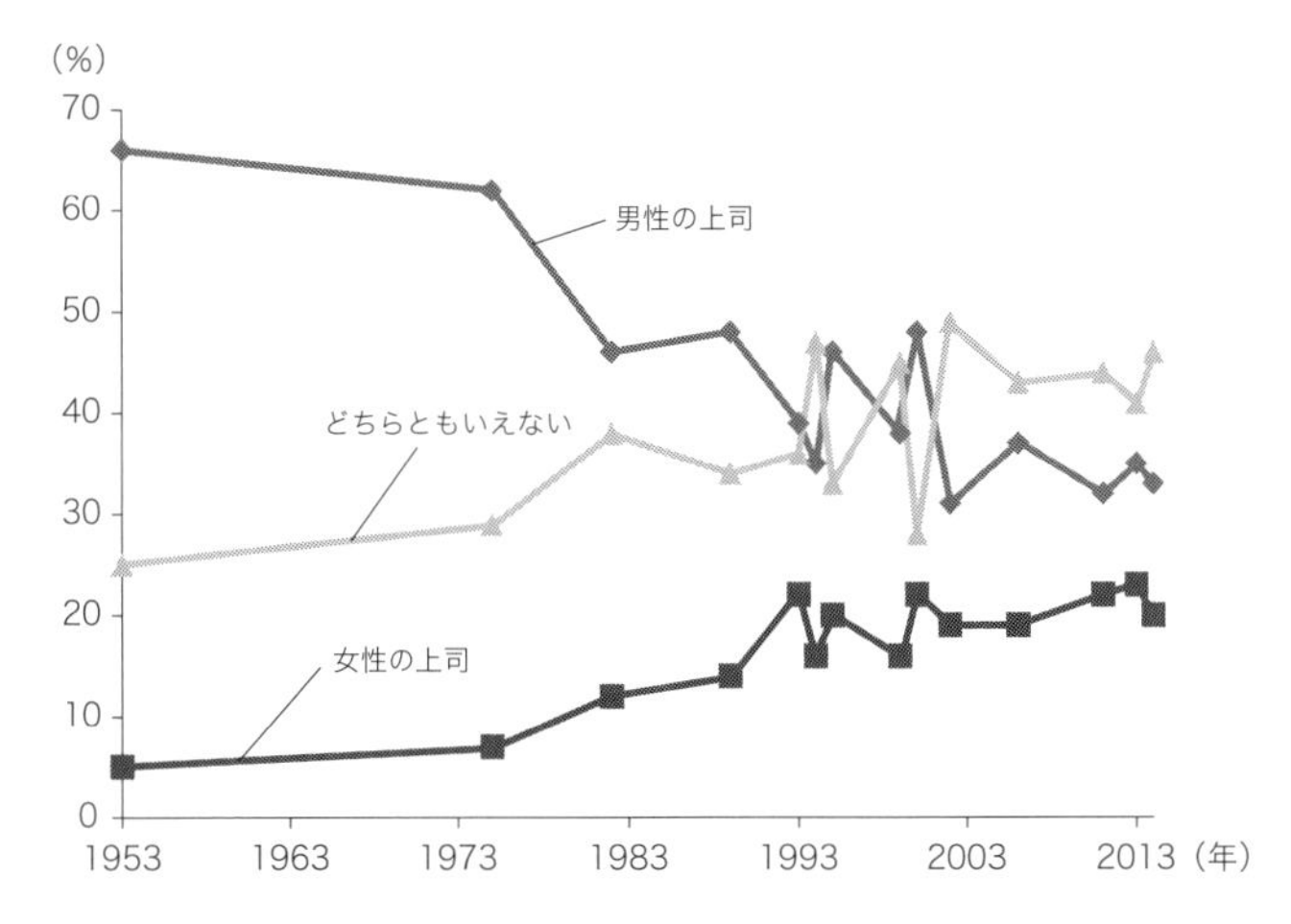

Gallup, "Americans Still Prefer a Male Boss," 2014. をもとにして作成。

図表 3-3　上級管理職における女性比率と企業のパフォーマンス

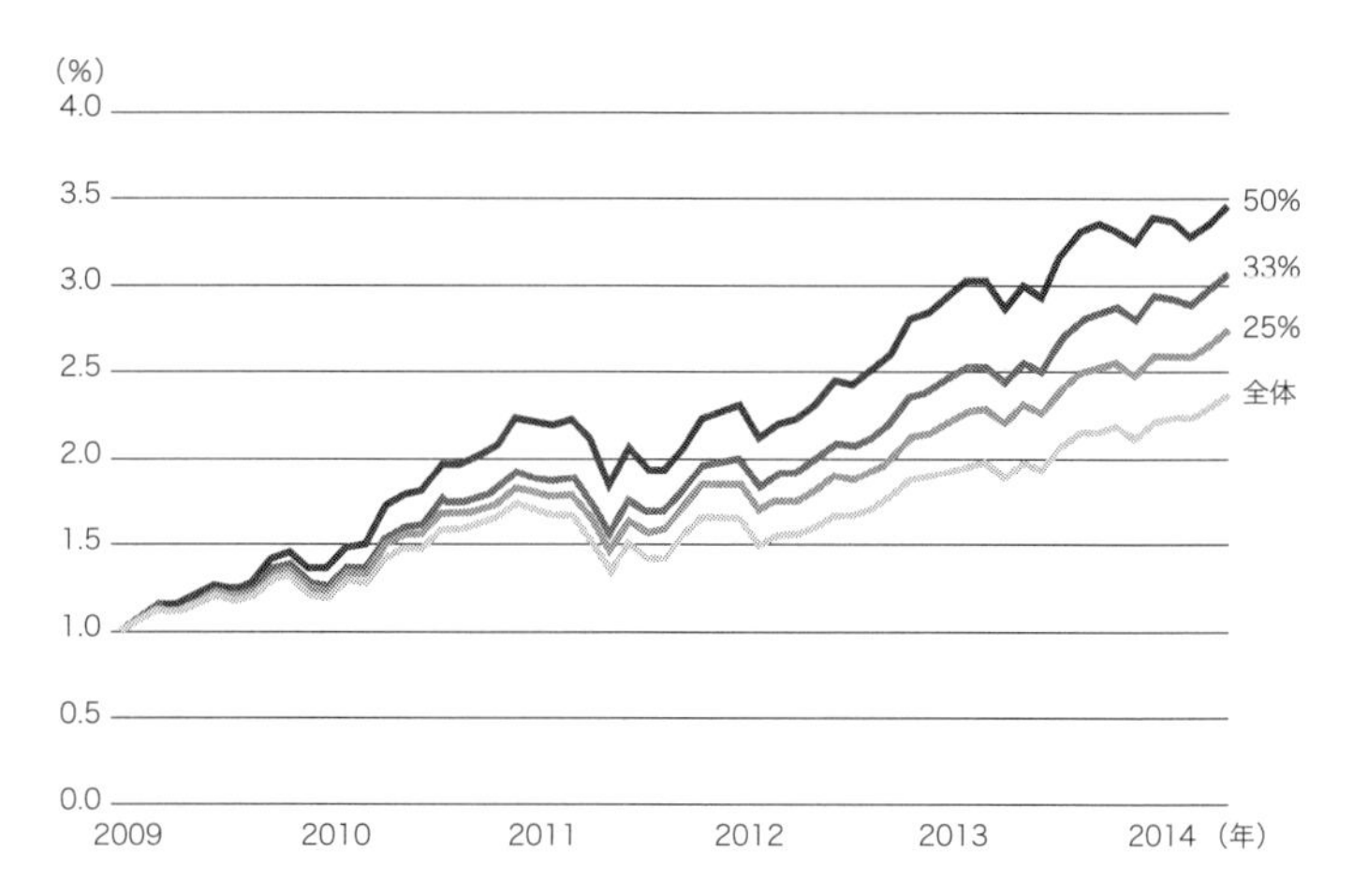

Credit Suisse, "The CS Gender 3000: Women in Senior Management," September 2014, pp.25. をもとにして作成。

あるいは、「女性はリスクが高い意思決定をしない傾向にある」ということとも関係しているのかもしれません。男女間でリスクに対する態度や許容度が異なり、女性のほうがより長期的な利益に関心を持つ傾向にあることがわかっています。

最近では、英バークレイズ銀行が、「トップマネジメントチームに何人の女性がいるか」といった情報を投資家向けに開示しはじめました。投資家にとっては、投資先企業のトップマネジメントがどの程度までリスクテイクする可能性があるのかを評価するうえで重要な情報となっているのです。

さらに、取締役会に女性がいるかいないかでも、さまざまな違いが生まれます。男性より女性のほうが、取締役会に向けて準備したり、多くの質問をしたりする傾向にあります。その結果、オープンでフェアな議論が行われ、取締役会も活性化します。女性がいることで、言葉遣いが変わり、礼儀正しくなるともいわれています。

第 4 章

キャリアを前進させる
8つのアドバイス

女性に不足しがちなスキルとは

私はＩＭＤで２００４年から、女性が仕事で成功を収め、組織の階段を登っていくための気づきを提供するためのプログラムを提供しています。「ストラテジーズ・フォー・リーダーシップ（Strategies for Leadership）」という、女性のみを対象としたリーダー育成プログラムです。

企業や政府機関、ＮＰＯ（民間非営利団体）などで、すでにシニアもしくはアッパーミドルのレベルで活躍している女性たちを対象としたもので、最低でも10年以上の実務経験があることを申し込みの条件としています。グローバル企業に勤める幹部候補の女性が、企業から派遣されるかたちで参加するケースも少なくありません。

このプログラムは、さまざまな研究から明らかになった「女性ならではの課題」と、「それを乗り越えていくための能力（男性と比べて女性に不足しがちなスキル）の開発」にフォーカスしています（注1）。

特に女性は、自分自身と照らし合わせながら、次の６つの課題を意識していくことが、キャリアを前進させていくうえでとても重要になると考えています。意識することが行動を変えることにつながっていくからです。

1 ビジョンや戦略を語る力
2 ネットワークを構築し、活用する力
3 キャリア移行のマネジメント
4 積極性や自信、上司との付き合い方
5 健全に関心を集める力
6 他者に影響を与える力

以下では、まず、これら6つの課題についてそれぞれ見ていきます。

1 構想力がないと見なされがち

「女性は、男性よりもビジョンや戦略を伝えて周囲の人たちを納得させるのが苦手だ」

という指摘があります。

フランスのビジネススクール、ＩＮＳＥＡＤのハーミニア・イバーラ教授は、このことについて定量的な検証を行いました（注２）。検証に用いられたのは、同大学のエグゼクティブ・プログラムの受講者（１４９カ国、２８１６人）を対象にした「構想力」についての３６０度評価です。

ここでいう構想力とは、さまざまな文化や視点にもとづいてビジョンやミッション、戦略を掲げ、それらを歯切れよく説明して、世界各国の社員や株主、取引先、顧客などを結びつけていく力です。また、３６０度評価ですから、自己評価はもちろん、上司や同僚、部下からどう評価されているかといったデータも含まれています。

その結果、女性は、同僚男性からの評価が同僚女性からの評価より著しく低いことがわかりました。上司や部下からの評価は、性別にかかわらず、おおむね同程度でした。

イバーラ教授は、次のように見ています。

「女性だから構想力に欠けるという事実はありません。そうした偏見を抱いているのは、出世競争を意識している同僚男性に多いといえます。女性には、『ビジョンや戦略は皆でつくり上げたものにしよう』とする傾向があるため、本人の貢献度が過小評価されてしまうのでしょう。あるいは、女性のほうが現実的で、危ない橋を渡ろうとしないので、ビジョン自体をあまり重視しないという傾向にあるのかもしれません」

ここで指摘しているのは、ビジョンや戦略を「語る力」であって、ビジョンや戦略を「生み出す力」ではありませんが、構想力がないと周囲から見なされるのはリーダーにとって致命的です。

特に女性は、「自分がそう見なされがちである」ということを十分に意識する必要があります。

2 ネットワークを活用するのが苦手

組織の内外でネットワークを構築し、それを活用していくことも、キャリアを前進させるうえで重要です。人の力を借りたり、うまく協業したりすることは、仕事上の成果を高めるだけでなく、転職や独立といった新しいキャリアの可能性を広げることにもつながります。

また、ネットワークの活性化は、組織の側にとっても望ましいことです。特に、フラット化が進んでいる今日の組織では、上司と部下といった組織上のつながりとは別の非公式で横断的なネットワークが果たす役割のほうが重要になってきています。

ところが、ネットワークの構築と活用の仕方は、男性か女性かによって異なるようです。

オランダのエラスムス大学ロッテルダム経営大学院のダイアン・ベーベランダー博士と米ベントリー大学のマイケル・ページ博士は、全日制のMBAコースに通う207人の生徒を対象に、「学生間でどのようなつながりが生まれたか」「それは男性と女性でどう異なるか」を調べました（注3）。

博士らは、「人と人がつながり、そこにシェアやシナジーが生まれるには『信頼』が必要だ」と考えました。ここでは信頼を、「他人のある行動に対して無防備でいられること」と定義しています（注4）。

無防備な状態とは、細かく管理したり指示したりしないだけでなく、場合によっては自分に悪影響が及ぶかもしれない行為も他人に委ねることです。会社でも、任せるということが日常的に行われていますが、リスクが高い状況では任せることを躊躇します。リスクの度合いによって必要とされる信頼度が変わり、人と人のつながりも変化するのです。

調査は、それぞれリスクが異なる次の3つの状況で実際に誰とつながりを持っているのか、具体的な名前を答えてもらうという方法で行われました。

1　課題を行う際、誰と情報交換したか（タスク・ネットワーク）

2　自由時間に誰と交流を持ったか（ソーシャル・ネットワーク）

3　新たなプロジェクトを立ち上げるとしたら誰と組むか（リスク・ネットワーク）

最も高い信頼が必要とされるのは「リスク・ネットワーク」です。続いて、「ソーシャル・ネットワーク」「タスク・ネットワーク」の順番になります。調査の結果、タスク・ネットワークとソーシャル・ネットワークでは、女性のほうが同性同士でつながりやすいことがわかりました。ところが、高い信頼が必要なリスク・ネットワークになった途端、女性は男性よりもつながりを大きく減少させる傾向にあることがわかりました。べーベランダー博士は、こうした違いが生まれるのは、男女間で信頼の仕方が異なるからではないかと見ています。

ここから浮かび上がってくるのは、「男性よりも女性は、仕事上のネットワークを構築したり活用したりするのが苦手ではないのか」ということです。実際、「仕事のために積極的に人と関係を築くのは気が進まない」と考えている女性も少なくありません。

しかし、ここで重要なのは、人とつながりを持つこと自体について、女性は決して苦手ではないということです。先ほどの調査結果も、日常の交流では女性同士のほうが男性同士よりもはるかに活発であることを示しています。

卓越したネットワーカーに学べ

ここで、優れたネットワークを構築するためのヒントを得るために、ＩＭＤのＮ・アーナンド教授と南カリフォルニア大学のジェイ・Ａ・コンガー教授の研究を紹介しましょう。両教授は、「卓越したネットワークを構築する人の特徴」について次のように解説しています（注５）。

（ウソ）卓越したネットワーカーは、

・生まれつきの才能を持った選ばれた者である
・自分が利用するためだけにネットワークを構築する
・構築したネットワークを独り占めしようとする
・いつも全員と連絡を取り合っている

（本当）卓越したネットワーカーは、
・最も影響力のあるキーパーソンを探し出そうとする
・補完関係にあるニーズや能力を持つ者同士を引き合わせようとする
・新しい人と出会うこと、知り合いとのつながりを強化すること、多様な人とつながることを常に心がけている
・他者に対して常に感じのよい態度をとる

卓越したネットワーカーが探し出そうとしている「最も影響力のあるキーパーソン」は、必ずしも組織のなかで地位が上の人とは限りません。非公式のネットワークで信頼や尊敬を得ている人の場合もあります。

また、卓越したネットワーカーが人と人を引き合わせようとするのは、それによって生まれる便益を独り占めするためでなく、ネットワーク全体によい影響をもたらそうとしているためです。常にポジティブな雰囲気をつくり出し、ネガティブな感情を意識的に慎もうとしているのも同様です。

アーナンド教授らによるこの研究は、実務家にとっても示唆に富んでいます。なぜなら、個人の具体的な行動（アクション）に着目したものであり、個人の性格や特性に焦点をあてたものではないからです。行動は、意識したり努力したりすることで変えていくことができます。

3 「常に」すべては手に入らない――キャリア移行のマネジメント

女性がキャリアを築いていくには、いくつか訪れるであろう「キャリアの移行期」をうまくマネジメントしていく必要があります。まずは、その難しさを物語る2つの記事を紹介しましょう。

ひとつは、経済学者で非営利の研究機関、センター・フォー・タレント・イノベーションの所長兼CEO、シルビア・アン・ヒューレット博士が、2002年に『ハーバード・ビジネス・レビュー』誌に寄稿した論文「女性エグゼクティブと、すべてを手に入れられるという幻想（Executive women and the myth of having it all）」です（注6）。

ヒューレット博士がアメリカで行った調査から、年収が10万ドル（1ドル100円で換算すると年収1000万円）を上回る女性の49%に子どもがいないことがわかりました。一方、年収10万ドル以上の男性で子どもがいないのはわずか19%です。博士は、「キャリア構築のタイミングと出産・子育てのタイミングが重なることに原因がある」と指摘しています。

この論文の発表からちょうど10年目にあたる2012年、今度は、ヒラリー・クリントン米国務長官のもとで、国務省の重要ポストである政策企画本部長に就任した米プリンストン大学のアン・マリー・スローター教授が、「なぜ女性は、いまだにすべてを手に入れることができないのか（Why Women Still Can't Have It All?）」と題した記事を『アトランティック』誌に寄稿し、世界的に物議をかもしました（注7）。賛否両論を含め、日本語のメディアでも広く取り上げられています。

女性初の国務省政策企画本部長に就任したスローターさんですが、国際法学者だった彼女にとって外交政策に深くかかわる国務省政策企画本部長の職は、夢にまで見た憧れの職でした。同じくプリンストン大学で教授職に就いていた夫は時間の融通も利きやすく、彼女を全面的にサポートしました。

しかし、同誌に寄せられた記事には、夫と10代の息子2人が住むニュージャージー州プリンストンと、国務省があるワシントンとを行き来する生活のなかでの苦悩がつづられています。息子たちが母親を必要としている場面に幾度となく遭遇するにつれて、彼女も子どもたちのそばにいてあげたいと思い、政府の要職と母親の役割とのあいだで板挟みになっていたのです。

そして、スローターさんは、政府の要職を続けるのは不可能だとして職を辞したのです。

「女性はすべてを手に入れることができない」というのは、いささか過激な表現かもしれませんが、私なりにこれを解釈すると、「女性は『常に』すべてを手に入れることができない」ということだと思います。

赤ちゃんより10代の子どものほうが大変

脳機能の男女差を研究するカリフォルニア大学のローアン・ブリゼンディィーン教授（医学博士）は、『ハーバード・ビジネス・レビュー』誌に寄稿した記事（注8）のなかで、「役員クラスへの昇格が見えてくる40代は、男性にとっては油がのっていて良い時期だが、女性にとってはそうではない」と指摘しています。

同教授によれば、思春期直前から10代を終えるまでの子どもの子育ては「スケジュールどおりにいかない予測不可能なケア」が増えてくるため、肉体的な負担が大きい赤ちゃん期の子育てよりも、母親の脳に対する負担が大きくなります。10代の子どもがいつ親を必要とするかを事前に予測するのは難しく、母親はいつ助けが必要になってもそれに応えられるよう備えておき、何か問題が起きたらすぐに対処しなければならないからです。

これは、「赤ちゃん期の子育てのほうが大変だ」という世間一般の通説に反しているかもしれません。しかし、母親が脳に負担を感じるのは、ケアの量ではなく、予測できないケアに対処しなければならないことなのです。

また、40代は、閉経に向けたホルモンの変化も体験しはじめる時期です。40代の女性の脳機能は、スケジュールどおりにはいかない10代の子どもの子育て、ホルモンの変化といった二重の負荷を背負っているため、上級管理職や役員への昇格などといった新たな負荷を背負うのを嫌う行動をとってしまうのです。

女性には無数のキャリア・パターンがある

キャリアを移行させるきっかけが男女間で異なることも、調査によって明らかになっています。米フェアフィールド大学のリサ・A・マニエロ博士らが、キャリア移行のきっかけについて行ったアンケート調査の結果は、図表4-1のとおりです。

女性がキャリアを変えるきっかけの上位は「家族の要望」や「配偶者の勤務地変更」で、それぞれについて男性の場合と大きな差があることがわかります。他方、男性の場合は、「報酬」や「安定」などを理由にキャリアを変える傾向が強いといえます。「女性のキャリアは人との関係に大きく左右される。それが男性のキャリアとの大きな違いである」

図表4-1　キャリア移行のきっかけ

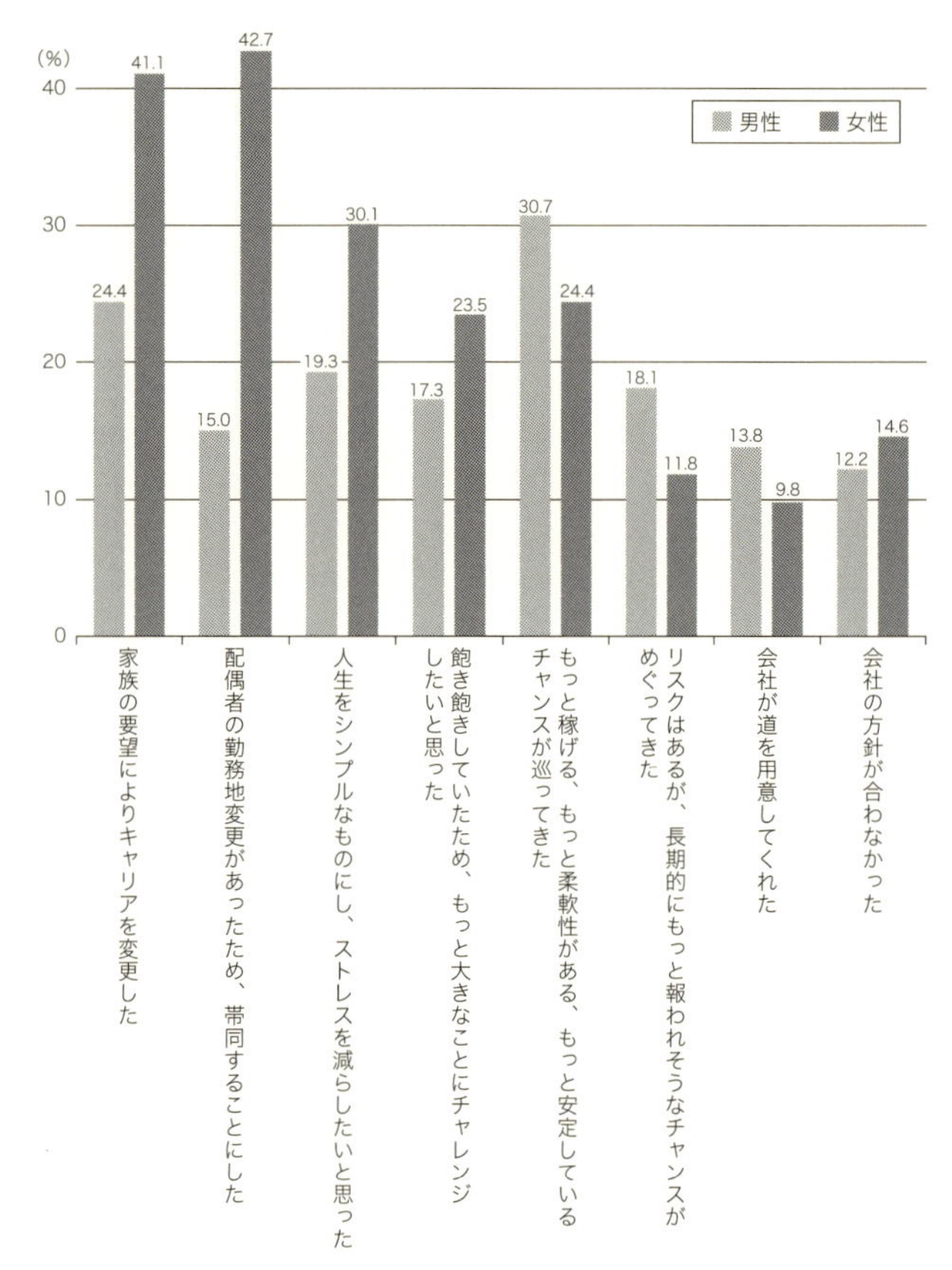

(注)2002年3月15日～30日にオンライン調査が実施され、男性837人、女性810人が回答した。
Lisa A. Mainiero, & Sherry E. Sullivan, "Kaleidoscope careers: An alternate explanation for the "opt-out" revolution," Academy of Management Executive, Vol.19, Nol.1, February 2005, pp.112. をもとにして作成。

とマニエロ博士は指摘しています。

米ボーリング・グリーン州立大学のデボラ・A・オニール博士も、女性のキャリアのパターンを分析し、現実の組織（企業）とのあいだに次のようなギャップがあることを指摘しています（注9）。

・女性にとってキャリアは単なる仕事以上の意味を持つ（大きな人生の文脈のなかに組み込まれるものである）……しかし、現実の組織では、キャリアと人生は別物だと要求されている

・家族や家庭とキャリアはともに女性の人生の中核を成すものである……しかし、現実の組織では、家族や家庭は女性のキャリア開発の足かせであり続けている

・女性のキャリアパスは多種多様である（梯子（はしご）をまっすぐ登っていくといった直線的なものではなく、蛇が通った跡のようにジグザグである）……しかし、現実の組織では、直線的なキャリアパスが前提とされ、昇進によって報いる仕組みになっている

・女性のキャリア開発には、教育や訓練、経験、メンタル面での強さといった人的資

本と人脈が不可欠である……しかし、現実の組織では、女性の人的資本と人脈が「ガラスの天井」を撃ち破るには至っていない

では、女性はキャリアをあきらめるしかないのでしょうか。

決して、そうする必要はありません。そもそも、キャリアを追求するかあきらめるかといった「二元論」で決めつけるべきではないのです。オニール博士が「女性のキャリアは『直線的』ではなく『ジグザグ』だ」と指摘したように、女性のキャリア・パターンは多岐にわたるからです。

そうした女性のキャリアを説明づける新しい理論として、マニエロ博士は「万華鏡モデル（カレイドスコープ・モデル）」を提唱しています（注10）。

マニエロ博士は、女性のキャリアは「挑戦」「バランス」「自分らしさ」の3要素のせめぎあいで決まると考え、その様子を（3枚の鏡の位置関係を変えることで無数の模様を生み出す）万華鏡にたとえました。女性たちは、置かれた状況に応じて「挑戦」「バランス」「自分らしさ」という3枚の鏡の位置関係を変え、無数のキャリア・パターンを生み出しているのです。

図表4-2　女性には無数のキャリア・パターンがある

初期キャリア （挑戦が中心）	・初期キャリアの女性は、キャリア追求のための「挑戦」や目標達成に最も関心がある。 ・「バランス」の確保、「自分らしさ」の追求に関心がないわけではないが、キャリア追求の陰に隠れた、二次的な要求である。

中期キャリア （バランスが中心）	・中期キャリアの女性は、結婚や子どもの有無にかかわらず、「バランス」の確保に関する関心が支配的となる。そのため、「バランス」の確保が最前面に浮上する。 ・「挑戦」や「自分らしさ」を求める気持ちは失われていないが、「バランス」の問題の前には妥協がなされる。

後期キャリア （自分らしさが中心）	・後期キャリアの女性は、「バランス」の問題から解放されるようになってくると、「自分らしさ」を問いはじめる。そのため、「自分らしさ」の追求が最前面に浮上する。 ・「挑戦」への関心は高く、「バランス」の問題も考慮に入れるが、あくまで「自分らしさ」に軸足を置いた意思決定が行われる。

Lisa A. Mainiero, & Sherry E. Sullivan, "Kaleidoscope careers: An alternate explanation for the "opt-out" revolution," *Academy of Management Executive*, Vol.19, Nol.1, February 2005, pp.115. をもとにして作成。

図表4-2に示したとおり、キャリアの初期段階では「挑戦」が重視されますが、中期段階に移行するにしたがって「バランス」が重視されるようになり、後期段階に移るにつれて「自分らしさ」を問いはじめるようになるといいます。

4 もっと上司に要求しよう

一般的に、女性は男性に比べて積極性に欠ける傾向にあることが、古くから指摘されています。ジェームス・G・ホランズワース・ジュニア博士とキャスリーン・E・ウォール博士は、積極性に関する男女間の差について、先行研究を網羅的に調べました(注11)。その結果、「男性のほうが、自分のことを積極的な人間だと自己評価する傾向にある」と指摘しています。

ただし、一口に「積極性」といっても、「誰」に対する「どのような行為」なのかによって異なる可能性があります。そこで、ホランズワース博士らは、男性294人、女性408人の自己評価データ(注12)を細かく再分析しました。

その結果、上司に対して自己主張したり、反対意見を述べたり、交渉したりするといった積極性では男性のほうが上回っているのに対し、大切な人に愛情を表したり、感謝の気持ちを示したり、両親に怒りを表したりするといった積極性では女性のほうが男性を上回る傾向にあることがわかりました。

男性のように人に疑問を投げかけたり、交渉したりするのを女性がためらう傾向にあることは、米カーネギーメロン大学ビジネススクールのバブコック教授らの研究でも指摘されています（注13）。

バブコック教授らが「交渉」という行動に着目し、男女291人に対して「最後に交渉したのはいつか」「前々回の交渉をしたのはいつか」「次に交渉するのはいつになると思うか」を尋ねたところ、男性のほうが高い頻度で「交渉」を行っていることが明らかになりました（図表4-3）。

バブコック教授らは、女性が交渉を控える傾向にあることの理由のひとつとして、「女性は、一生懸命に働いて優れた仕事をすることで認められ、報われるものだと思い込んでいる。男性と違って、女性はより多くを要求してもかまわないとは教えられてこなかった」と指摘しています。

さらに、バブコック教授らは、「『上司が、女性の部下よりも男性の部下により多くの

図表 4-3　交渉をしたのはいつか、次に交渉するのはいつか

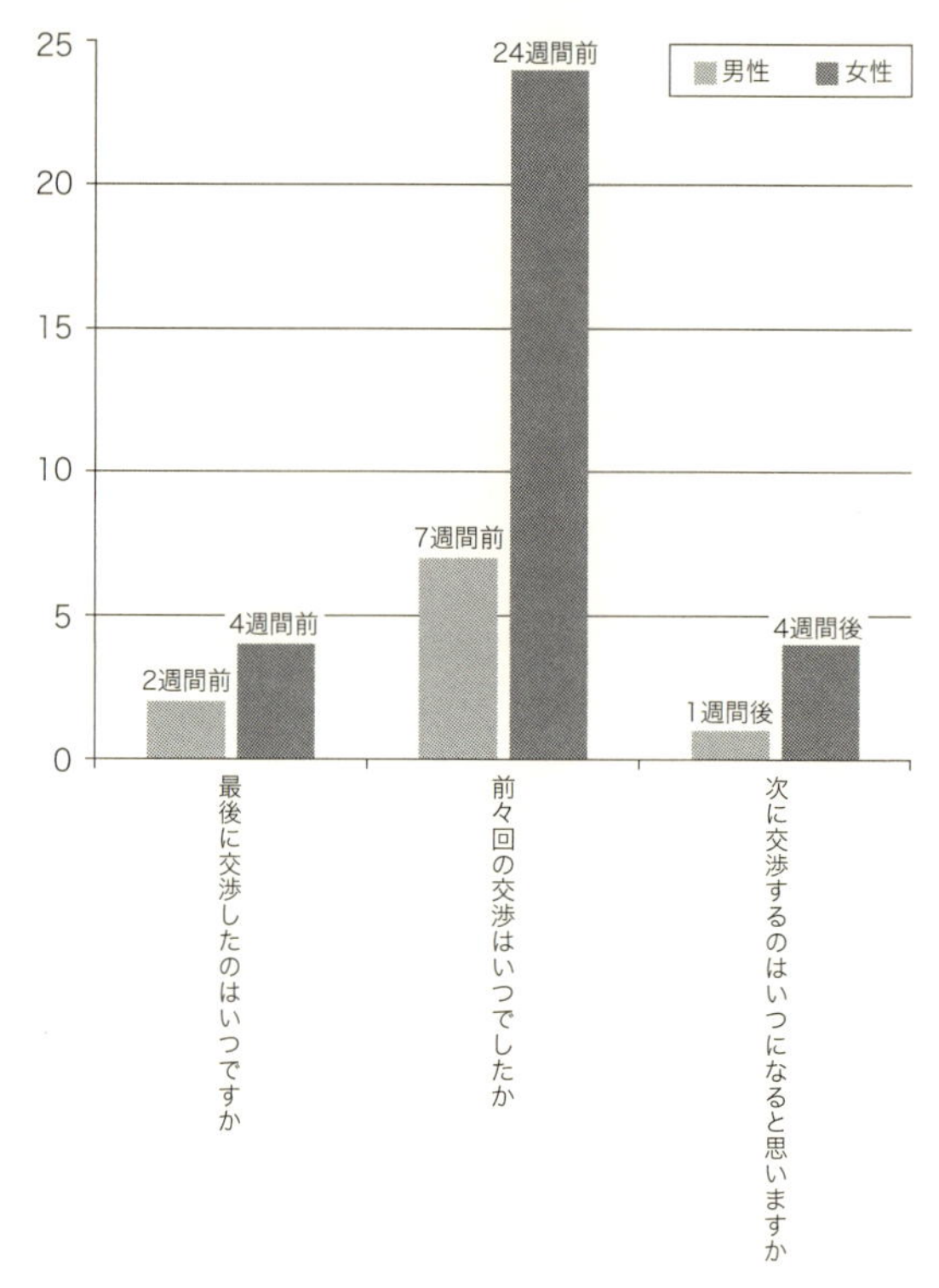

Linda Babcock, Sara Laschever, Michele Gelfand, & Deborah Small, "Nice girls don't ask," *Harvard Business Review*, Vol.81, No.10, October 2003, pp.14. をもとにして作成。

ことを求める傾向にある』ということに女性が気づいていない場合（または意識していない場合）、問題が生じる可能性がある」と指摘しています。

「上司は、部下からの要求に応じて仕事を「公平」に配分したつもりでも、実際は、あまり要求することがない女性には些細な仕事しか任せていない」ということが起こりうると述べています。

5　会議に参加するときに心がけること

男性と比べて女性は、しばしば「目立たない」と周囲から思われがちであるということも意識しておく必要があります。目立たないと思われることは、昇進機会にも悪影響を及ぼす可能性があります。

この点に関して、女性のリーダーシップ開発に特化したコンサルティング会社のパートナーを務めているキャスリン・ヒース博士とジル・フリン、メアリー・デイビス・ホルトの3人が発表した論文（注14）は、次のような実態を明らかにしています。

それは、普段は力強く意見を表明し、志も高く、周囲からも一目置かれているような女性幹部が、幹部クラスが集まる経営会議に出席した途端、思うように力を発揮することができず、存在感を示せないことで悩んでいるという実態です。

同社が手掛けているコーチングでは、「経営会議でうまく話し合いに入っていけない」「何か発言しても、かき消されてしまうことがある」といった悩みを打ち明ける女性幹部が多いというのです。

ヒース博士らは、女性幹部が経営会議に苦手意識を感じる根本的な原因は、経営会議において女性が少数派だからだと見ています。経営会議のような幹部クラスが集まる場では、男性が大半を占めていることが多く、女性が1人だけということも少なくありません。いつも堂々としている女性幹部でも、こうした環境下に置かれると、孤立無援で安全地帯の外にいるような感じがしてしまい、普段のようにその場の雰囲気を読めなくなるというのです。

ヒース博士らは、将来的に女性幹部が増えてくれば、そうしたこともなくなるだろうといった見通しを述べたうえで、それまでのあいだは次の3点を心がけるようにすることが効果的だと指摘しています。

1 会議に先立ち、出席予定者と事前打ち合わせをして意見を探り、味方を得ておく
2 会議で話す内容を入念に準備しておく
3 感情的になっていると周囲から見なされないよう、意識して平静を保つ

6 影響の与え方はひとつではない

リーダーシップを発揮するということは、人々に何らかの影響を与えるということです。それは、組織内外を問わず、自分の意見に納得してもらい、人の行動に変化をもたらすことです。しかし、人への影響力という点でも、女性は男性より困難を抱える傾向があると指摘されています。

こうした影響力における男女間の差について考察したのは、米ウェルズリー大学のリンダ・L・カーリ博士です。彼女の研究成果を紹介する前に、「そもそも人々への影響力は何によってもたらされるのか、影響力の源泉とは何なのか」について確認しておきたいと思います。

アメリカの心理学者のジョン・フレンチとバートラム・ラーベンによれば、次の5つ

が影響力の源泉だとされています（注15）。これは1959年に提唱されたものですが、今日、最も支持されている考え方のひとつです。

・報酬力
・強制力
・専門力
・正当権力
・同一視力

報酬力とは、受け手にとってプラスになるもの（報酬）を与えることで影響を及ぼす力です。これに対し、強制力では、受け手にとってマイナスになるもの（懲罰）を与えることで影響を及ぼします。

専門力とは、専門的な能力や知識、技能が受け手から信頼されることで影響を及ぼす力、正当権力とは、役職や社会的地位などといった権威で相手に影響を及ぼす力です。同一視力は、受け手から「魅力的だ」「理想的だ」と見なされることで影響力を及ぼします。

カーリ博士は、この5つの影響力の源泉のうち、アメとムチに相当する報酬力と強制力を除いた残りの3つ（専門力、正当権力、同一視力）が影響力における男女間の違いを生み出す要因になっていると指摘し、男性が「専門力」と「正当権力」を、女性が「同一視力」を有する傾向にあると述べています（注16）。

女性が同一視力に優れているのは、女性の多くが持つ共同的な特性（優しくて思いやりがあり、友好的）に由来しているといえるでしょう。

一方、専門力は一見すると性別とは無関係のように思えますが、「有能かどうか」ではなく「有能だと相手から認識されるかどうか」が影響力を左右するため、男性のほうが有利だというのです。男性がポテンシャルで昇進するのに対し、女性はパフォーマンスがあって初めて昇進できるという話を思い出してください（第2章）。

したがって、女性の場合は、たとえ能力が高くても、男性のような振る舞いをしてしまうと、せっかくの強みである「同一視力」を低下させてしまい、うまく影響を与えられなくなってしまいます。

答えはあなたのなかにある

「ストラテジーズ・フォー・リーダーシップ」プログラムでは、受講者がこれら6つの課題について理解し、行動を変えることを、経験学習とコーチングを通じて支援するというアプローチをとっています。一方通行の講義形式ではなく、受講者は他の受講者やコーチたちと徹底的に対話し、具体的な演習（経験学習の手法）に取り組むのです。

ある日本人受講者は、「自分の強みも弱みもすべてさらけ出して徹底的に自分自身と向き合わなければならないため、とてもタフなプログラムだった」と述べています。

プログラムでは、受講者に「こうするべきだ」と言うこともありません。コーチングの本質は、受講者が自身の問題の原因がどこにあるかを理解し、自分で解決策を見つけることの手助けにあるからです。

もちろん、場合によっては、傍から見て問題の原因が明らかな場合もあります。しかし、そうだとしても、「これが原因だから、こうしなさい」とは決して言いません。それをしてしまうと、コーチングではなくなってしまうからです。良いコーチングとは、良い質問を投げかけることであり、良い質問は、その問題の原因がどこにあるかを本人が理解するきっかけをつくります。

自信の低さを例に挙げてみましょう。コーチは、「それはいつから始まったものだと思いますか」「5歳のときのあなたはどうでしたか」「7歳のときはどうでしたか」「家族のなかでのあなたのポジションはどうでしたか」「両親とあなたとの関係はどうでしたか」などと丁寧に尋ねていきます。

そうするうちに、たとえば「両親の関心はいつも兄に向いていて、私は未熟者のように扱われてきた」というように、自信をなくすきっかけを自分で見つけていきます。コーチのほうから「両親との関係が原因ではないですか」といった指摘をすることはありません。コーチからの質問に答えながら、どこに問題があるかを本人が見つけていくのです。

ひとたび原因がはっきりすると、人は驚くほどそれに悩まされることが少なくなります。反対に、解決策だけを教わっても、多くの場合、うまく機能しないでしょう。なぜそうしなければならないのか、腑に落ちていないからです。

また、仮に私が何かアドバイスをしたとしても、本人にとってはそれが解決策ではない場合もあります。特に文化的背景が違えばなおさらです。たとえば、ヨーロッパ出身の私が日本人の女性に何かをアドバイスしたとして、それがまったく見当違いのものである可能性もあります。たとえ、ある日本人に当てはまったとしても、他の日本人にはまったく当てはまらない場合もあるでしょう。

したがって、重要なのは「いかに良い質問を投げかけるか」です。なぜなら、すべての答えはあなたのなかにあるからです。

7 ロールモデルはキャリアのあらゆる段階で必要

さて、最後に「ロールモデル」と「メンター」についても触れておきたいと思います。

まず、ロールモデルですが、それは、あなたにとって模範となり、手本となる存在です。ロールモデルを持つことで、いまはまだ実現できていない将来の自分をイメージし、さまざまな可能性を試しながら少しずつ自分のスタイルを確立していくことができます(注17)。

たとえば、先輩や上司と自分を比べることで、これからどんなスキルを身につけていくのがよいかわかります。自分が目指しているポジションではどんな役割が期待されており、どんなパフォーマンスを達成しなければいけないかも、いまそのポジションにいる人から学ぶことができます。ロールモデルは、男女を問わずキャリアを構築するうえで非常に重要な役割を担っています。

しかし、ロールモデルを持つことは「手段」であって「目的」ではありません。その目的は、自分自身を知ること、すなわち自分らしさを確立していくことにあるということを忘れないでください。

また、これまでは「ロールモデルはキャリアのスタート時点や初期段階でこそ必要だ」と考えられていました。しかし、米フェアフィールド大学ビジネススクールのドナルド・E・ギブソン教授は次のように述べています(注18)。

「ロールモデルは、キャリアの初期段階だけでなく、中期から後期までを含むキャリア全体を通じて、その職業に対するイメージを自分のなかで確立していくために重要な役割を果たしています」

ロールモデルはキャリアのあらゆる段階で必要だと考えたギブソン教授は、次のような調査を行いました。「働きがいのある会社」ランキングでトップ100に選ばれた、社員の定着率が高い企業2社（投資銀行とコンサルティング会社）の社員43名に対して、一人ひとり聞き取り調査を行ったのです。対象者には、キャリア初期から後期までさまざまな段階の社員が含まれています。

調査からは、キャリアの全段階を通じて、またそれぞれの段階に応じてさまざまなタイプのロールモデルが認識されていることがわかりました。たとえば、「全人格的なロールモデル」や「部分的なロールモデル」「好意的なロールモデル」「否定的なロールモデル」などです。

さまざまな人の良い面を「部分的」にものにする

一般的にロールモデルというと、自分より上の階層にいる人を想像しがちですが、必ずしもそうではなく、同僚や下の階層にも、ロールモデルとして認識している人がいることがわかりました（図表4-4）。

まず、キャリアの初期段階では、先輩や上司のあらゆる面を参考にしながら、自分に何ができるか、自分はどんな存在なのかといったイメージを形成していきます。このと

図表4-4　ロールモデルを解釈する際の切り口

好意的 見習いたい対象としてとらえる	⇔	**否定的** 真似をしてはいけない対象としてとらえる
全人格的 スキルや性格、行動などのあらゆる面を対象とする	⇔	**部分的** スキルや性格、行動などの一部を対象とする
近しい関係 同じ部署や会社など、近しい関係にある人を対象とする	⇔	**遠い関係** 社外など、定期的に、もしくはほとんどコンタクトをとらない人を対象とする
上の階層 自分よりも職位の上の人を対象とする	⇔	**同じもしくは下の階層** 同僚もしくは下の階層の人を対象とする

Donald E. Gibson, "Developing the professional self-concept: Role model construals in early, middle, and late career stages," *Organization Science*, Vol.14, No.5, October 2003, pp.597. をもとにして作成。

きの先輩や上司は、「全人格的なロールモデル」だといえるでしょう。身につけるべきスキルや仕事に対する姿勢、他者との接し方など、あらゆることが対象となります。

そして、キャリアの中期段階には、自分が持つイメージにさらに磨きをかけていくわけですが、すでにある程度は自信もついているため、ロールモデルを見つけにくいと感じるようになるでしょう。

この段階では、特定の先輩や上司を「全人格的」に参考にすることが少なくなる一方、より広範囲の人から、良い面と悪い面について「部分的」に教訓を得ていくようになります。これが「部分的なロールモデル」です。

そのなかには、見習いたいと思う対象となる「好意的なロールモデル」もいれば、絶対に真似をしてはいけないと考える「否定的なロールモデル」もいます。特にキャリアの後期段階では、すでに自分なりのスタイルがほぼ完成しているので、ああはなりたくないと思う否定的なロールモデルに、より目がいくようになるでしょう。

初期段階は別ですが、キャリアの中期段階以降で全人格的なロールモデルを追い求めるのは得策ではありません。1人のロールモデルを単に模倣することで、逆に「自分らしさ」を失ってしまいかねないからです（図表4－5）。

図表4-5　キャリアの段階で異なるロールモデル

初期 在職期間2.7年 年齢30.6歳	好意的	全人格的	近しい関係	上の階層
中期 在職期間10.3年 年齢38.7歳	好意的 否定的	部分的	近しい関係 遠い関係	上の階層 同じ階層
後期 在職期間18.3年 年齢47歳	否定的	部分的	遠い関係	同じ もしくは 下の階層

（注）在職期間と年齢は、インタビュー調査対象者の平均値。
Donald E. Gibson, "Developing the professional self-concept: Role model construals in early, middle, and late career stages," *Organization Science*, Vol.14, No.5, October 2003, pp.600. をもとにして作成。

ロールモデルに関する別の調査から、全人格的なロールモデルを持っている人のコメントを紹介しましょう（注19）。

「私がお手本にしているのは、ディレクターのX氏です。いつも彼女の一挙一動を観察しています。（略）クライアントと接するとき、彼女はとてもリラックスしています。挑戦的でもなく、何かを要求することもほとんどありません。

私も彼女のようなスタイルをとる傾向にあり、とても私に合っていると思います。でも、もう少し主張していく必要があるとも感じています。すでにクライアントと良好な関係を築いているからこそ、彼女はそうした態度をとれるのかもしれません」（投資銀行員）

次は、部分的ロールモデルを持っている人のコメントです。（注20）

「これまで私がメンターと見なした人は10人前後います。ディレクターのポジションに上り詰めるまでは、さまざまな洋服を試すように、さまざまなスタイルを試しながら、自分でスキルを磨いていかなければいけないと思います。
いろいろ試していくうちに、どんなスタイルが自分に合っているのか、どんなスタイルが得意なのかが徐々に見えてきます。それが、スキルを高めるためにすべきことです」
(ジュニアコンサルタント)

このように、ひとつの全人格的なロールモデルを追い求めるよりも、さまざまなロールモデルの良い面を参考にしながら自分なりのスタイルを築き上げていくといった部分的なとらえ方のほうが、自分らしいリーダーシップ・スタイルの確立にもつながりますし、現実的です。

アメリカの劇作家のウィルソン・マイズナーは「1人からアイデアを盗むのは『盗用』だが、複数の人からアイデアを盗むことは『リサーチ』である」と指摘していますが、この言葉はロールモデルが果たす役割を考えるうえで非常に示唆に富んだものです。

完璧なロールモデルは求めない

最新の研究により、ロールモデルにおいても女性特有の課題が存在していることがわかりました。それはいったい何でしょうか。

英クランフィールド大学のエリザベス・ケラン教授は、著書『*Rising Stars: Developing Millennial Women as Leaders*』（注21）のなかで「ミレニアル世代（注22）と呼ばれる若い世代の女性たちが、すでにリーダーとして活躍しているシニア女性の振る舞いに対して否定的な見方をする傾向がある」ことを指摘しています。彼女たちの多くは、いまリーダーとして活躍している先輩女性たちを、好戦的で、女性的というよりは男性的な人たちだととらえ、「あのようにはなりたくない」と冷ややかな目線を送っています。

ケラン教授は次のように指摘しています。

「ミレニアル世代の女性たちは、女性らしさを失いたくないと考えています。ナニー（ベビーシッター兼家庭教師）を雇って子育てを任せ、出勤前の少しの時間と帰宅後のベッドの上でしか子どもと顔を合わさないという生活ではなく、子どもたちともっと時間を共有したいと考えています」

彼女たちの目には、男性的な職業生活を送っているいまの女性リーダーたちがロールモデルだとは映らないのです。彼女たちがロールモデルだと見なすのは、仕事ができるだけでなく、理想的な家庭を築き、容姿も素敵で、さらにライフスタイルや趣味なども含めてその人のすべてが自分の理想像と重なる人でなければなりません。つまり、全人格的なロールモデルを求める傾向にあるといえます。

多くの女性は、自分の理想とする人が普段どんな料理をつくっているのか、どんなものを愛用しているのかといったことに強い関心を寄せる傾向があるようです。これも、「全人格的なロールモデルを求めがちである」という、女性特有の気質を反映したものだと考えられます。

しかし、ここに大きな落とし穴があります。

ただでさえ、数の上で女性リーダーが少ない現状において、その少ないなかから自分の理想となる人を見つけるのは簡単なことではありません。その結果、多くの女性たちが「自分にはロールモデルがいない」と考えているのです。

しかし、先に述べたとおり、ロールモデルを持つ目的は、「自分らしさ」を確立するためです。その目的に照らせば、全人格的なロールモデルが必ずしも必要でないことは明らかです。

一方で男性はどうでしょうか。実は、男性のロールモデルのとらえ方は、女性とまったく異なっており、きわめて実用的に考えられています。女性のようにある特定の人物のすべてを真似ようとするのではなく、いろいろな人のすばらしい面だけを部分的に抜き出してロールモデルとしてとらえることに長けています。

たとえば、スティーブ・ジョブズのイノベーティブさに感銘を受け、それを真似ようとする男性はたくさんいるでしょう。しかし、彼らが関心を持つのは、あくまでジョブズの一面です。家庭や趣味まで含めたすべてを真似ようとしているわけではありません。

男性の多くは、さまざまな人物から自分が感銘を受けた要素だけを「いいとこ取り」して、それをパッチワークのようにつなぎ合わせ、自分のロールモデルに仕立て上げているのです。

女性のアプローチと男性のアプローチで、どちらがロールモデルを見つけやすいかといえば、その答えは明らかです。これは、女性にとっても見習うべきポイントだといえるでしょう。

8 「メンター」だけでなく「スポンサー」も不可欠

女性がキャリアで成功をつかむには、ロールモデルだけでなくメンターも大切です。メンターは、キャリア構築においてとても重要な役割を担う存在です。

メンター制度を導入している企業もたくさんあります。アメリカの非営利組織のカタリストが2008年にMBA取得者を対象として行った調査（注23）からは、男性よりも女性のほうがメンターを持っていることがわかりました。

しかし、せっかくメンターがいても、うまく機能していない（キャリア構築に役立っていない）ことも指摘されています。また、企業によっては女性従業員に対するメンタリングが過剰で、それが逆に彼女たちの負担になっているという実態も浮かび上がっています。

メンターは、単にいればよいというものではないのです。きちんとキャリア構築を支援できる存在でなければ意味がありません。メンターには、大きく次の2つの役割があります。

1　メンタリングを提供する
2　スポンサーシップを提供する

ひとつは、メンタリングを提供することです。メンタリングとは、それを受ける側（メンティ）のキャリアアップに向けた心理的サポートとコーチングを行うことです。メンティのキャリアについて話し合う機会を持ち、何が必要かを明らかにするとともに、そうした事実を理解する手助けを行います。

しかし、女性がキャリアを築き上げるには、もうひとつの役割が重要になってきます。それは、「スポンサーシップ」と呼ばれているものです。スポンサーは、メンティの強みや能力、実績をアピールし、組織内の関心を集めるよう支援します（図表4-6）。

たとえば、社内であるプロジェクトが立ち上がろうとしているとします。そのとき、スポンサーは、そのプロジェクトがメンティのキャリアアップに必要なものかどうかを判断し、必要であれば、メンティがそのプロジェクトに関与できるよう働きかけを行います。

もちろん、それは、メンティにプロジェクトへの応募を促すだけではありません。し

図表 4-6　メンタリングとスポンサーシップの違い

メンタリング	・役職は問わない。 ・心理的なサポートや改善のためのフィードバックなどの助言を行う。 ・ロールモデルの役割を担う。 ・社内政治の切り抜け方を学ぶのをサポートする。 ・できるという感覚や自尊心を高めるよう努める。 ・個人としての成長や、プロフェッショナルとしての成長にフォーカスする。
スポンサーシップ	・影響力のあるシニアマネジャー。 ・昇進に役立ちそうなエグゼクティブに引き合わせる。 ・有望なチャンスや、やりがいのある仕事があるときには、メンティの採用を検討するよう働きかける。 ・悪い評判が立つのを防ぎ、悪影響を及ぼすエグゼクティブとは接触させないようにする。 ・メンティが昇進できるよう奮闘する。

Herminia Ibarra, Nancy M. Carter, & Christine Silva, "Why men still get more promotions than women," *Harvard Business Review*, Vol.88, No.9, September 2010, pp.85. をもとにして作成。

たがって、スポンサーはある程度、その組織内で影響力を持つ人物であるべきです。

先ほど述べたカタリストの調査は、「男性にはスポンサーシップが提供されているが、女性にはあまり提供されていない」という事実も明らかにしています。多くの女性にメンタリングが提供されているにもかかわらず、昇進に差がつくのは、スポンサーシップが提供されていないからだと指摘しています。

女性には女性のメンターが望ましい

メンターの性別についてはどうでしょうか。やはり、女性には女性のメンターが望ましいといえます。メンターが男性だと、女性は、相手にどんな印象を与えているか、どう自分が見られているかということを必要以上に気にしてしまう傾向があるからです。同性同士であれば、自分が直面している問題や抱えている課題を包み隠さず、素直に話すことができます。

私が担当しているＩＭＤの女性リーダー育成プログラム「ストラテジーズ・フォー・リーダーシップ」も、こうした考えから受講者を女性だけに限定しています。受講者だけでなく、4日間のプログラム中に受講者たちをサポートするコーチング・スタッフも全員女性です。

このプログラムを受ける前は、「あえて女性限定にしなくてもよいのではないか」「むしろ、男性もいたほうがより多くのことを学べるのではないか」と疑問に思う受講者もいるようです。しかし、プログラム終了後、「男性もいたほうがよかったか」と彼女たちに尋ねると、全員が口をそろえて「女性だけでよかった」と言ってくれます。女性だけの環境で学ぶことの意義を実感してくれたのでしょう。

とはいえ、女性管理職は少ないというのが現状です。そうしたなかで自分に合ったメンターを見つけるのは難しいといえます。加えて、先にも述べたとおり、スポンサーシップがきわめて重要です。組織内で影響力を持った女性のシニアを探し出すのは、さらに困難です。したがって、女性のメンターを見つけるのが難しいときには、男性も選択肢に入れるべきでしょう。

なお、私は、先のプログラムとは別に「メンターとしてのスキルを磨くためのワークショップ」も運営していますが、その経験からいうと、女性にスポンサーシップを提供することに抵抗を感じる男性も少なくないようです。組織内でメンティの女性を支援するためにさまざまな活動をすると、「その女性と特別な関係にあると誤解されてしまうのではないか」という懸念を抱く人もいます。

しかし、この問題は、そもそも、スポンサーシップを提供することが組織のなかで一般的でないために生じる懸念です。多くのシニア男性が女性のメンティに対してスポンサーシップを提供する社会になれば、自然に解消されていくと考えています。

■ 昇進してどんな変化を起こせたかを実感する

最後に、昇進することの意味についても確認しておきたいと思います。

日本では、昇進するということをあまりポジティブにとらえていない女性が多いようです。「昇進すると、プライベートを犠牲にしなければならない」といった懸念が根強いからでしょうか。

しかし、女性が昇進していかないと、長時間労働などの問題も解決されないでしょう。ロールモデルがいないなかでの昇進には困難もありますが、それでも女性たちの役割は非常に重要です。

繰り返しになりますが、単に高いポジションや権威、ステータスを得ることだけが、昇進の目的ではありません。昇進することによって、仕事の幅や自分で意思決定できることの範囲が広がれば、物事を変えていくための影響力も自然と高まります。重要なのは、自分がどんな変化を起こせたかです。それを後で振り返ることができれば、とてもポジティブなことだと思います。

私についていえば、キャリアを終えた後で、どれだけの数の女性を助けることができたのか、さらには彼女たちの行動を変えることができたのか、そして、昇進した彼女たちがどんな変革を成し遂げたのかを実感できたら、自分はとても充実した人生を過ごしてきたと思えるでしょう。

おわりに

いま日本では、官民を挙げて「女性の活躍推進」に取り組もうという機運が高まっています。そうしたなか、女性リーダーシップの研究者・教育者として日本を訪れ、このテーマに真剣に取り組んでいらっしゃる方々とお目にかかり、女性リーダーのあり方やその育成、登用について語り合う機会をいただきました。

そのなかで、大変驚いたことがありました。それは、「日本の女性の多くが、そもそもリーダーになりたいとは思っていない」ということです。

2015年12月に来日したときのことです。IMDの日本のアルムナイ・クラブ（修了者・卒業生の集まり）主催のセミナーが都内で開かれ、女性のリーダーシップをテーマとしたディスカッションが行われました。

さまざまな企業のさまざまな階層から男女合わせて70名程度が参加し、3～4名ずつのグループに分かれて「女性リーダー育成における今後の課題」について話し合ってもらったのですが、20組に分かれたグループのうち6組から同じ意見が出てきました。

「日本の女性の多くが、そもそもリーダーになりたいと思っていないことが、課題だ」というのです。

私はこれまで、ヨーロッパやアジア、中東、アメリカで女性リーダー育成のための支援を行ってきましたが、どの国でも、優秀な女性たちの多くは「リーダーになりたい」「より大きな責任を担いたい」と願っています。そうした願いを持つ女性たちに対して「どうすればそれが可能になるのか」を、そして、組織に対しては「女性リーダーをどう育み、活かしていくべきか」を指導することが自分の仕事だと思ってきました。

「そもそもリーダーになりたいと思っていない」という声は、あまり聞いたことがありません。諸外国と日本とでは、女性たちの置かれている状況が大きく違っているように思えました。

「リーダー」という言葉から日本の女性が感じとる印象やニュアンスが、リーダーの現実や、あるべき姿と異なっていることが、そうした状況が生まれた一因ではないか、とも考えています。

たとえば、日本では、女性の管理職を増やすことが、政府の目標になっています。これは大切で必要な目標ですが、「管理職になること」イコール「リーダーになること」ではありません。リーダーは、地位や役職と必ずしも一致するものではないからです。

リーダーの役割についてはさまざまな定義がありますが、大きく次の2つにまとめられます。

1　進むべき方向を示すこと
2　それに向けて人を動かしていくこと

これに対し、リーダーになりたくないという女性たちは、次のように考えているようです。

「自分はそもそもリーダーに向いていない」
「リーダーになったら男性のように振る舞わなければならず、気が進まない」
「リーダーになると、自分の時間を犠牲にしなければならない」
「リーダーになるのは、メリットよりデメリットのほうが大きい」

しかし、こうした印象と、実際にリーダーとして活躍できるかどうかは関係がないことは、本書を通じてわかっていただけたと思います。リーダーになったら男性のように振る舞わなければならないというのは、大きな誤解です。

報酬と懲罰（アメとムチ）を使い分けて部下を監視し、コントロールするという組織運営は、もはや時代遅れなものになりつつあるのです。人に心を寄せて、励まし、自発的な行動を起こすエネルギーを与えるリーダーがますます求められる時代になっています。

リーダーになりたくないと感じるもうひとつの理由として、日本社会に顕著な「長時間労働」の問題も影を落としているといえるでしょう。リーダーになると自分の時間が奪われてしまうと、多くの女性は感じています。

しかし、この問題は、見方を変えることもできます。「リーダーでなければ、その解決に向けた影響力を及ぼすのが難しい」からです。もちろん簡単なことではありませんが、リーダーだからこそ、組織やチームが抱えている問題の改善に取り組むことができるのです。

また、昇進が伴えば、自分で決められることや実行できることが増えていきます。それによって自由度も高まるでしょう。

世の中や社会、あるいは、そこまで大げさでなくても、自分のチームや組織、家族や身のまわりの人たちによりよいインパクトを与えるような仕事をしたいと願っているのであれば、リーダーになることの意味は非常に大きなものだと思います。

2014年と15年の訪日時には、企業や官庁、経済団体、NPO、メディアなどでこのテーマに取り組んでいらっしゃる方々と出会い、語り合うことができました。日本社会の女性リーダーの方々にもお話を伺う機会が得られ、私のプログラムの修了生（アルムナイ）の皆さんとも再会することができました。

社会に大きなうねりを生み出すには、一人ひとりが勇気を持って前に進むことはもちろん、多くの方々が共に歩むことが、そして、それには、私たちが抱えている課題やその解決方法に向けた認識と知識という基盤を共有することが必要です。

翻訳と構成を担当してくださった小崎亜依子さん、林寿和さんの熱意と献身、そして、多くの方々のご協力を得て誕生した本書が、大好きな日本の皆様のお役に立つことを心より願っています。

2016年6月　スイス・ローザンヌにて

ギンカ・トーゲル

訳者あとがき

この本は、世界のトップビジネススクールのひとつに名を連ねるＩＭＤで長年教鞭を執っているギンカ・トーゲル教授（以下、親しみを込めて「ギンカさん」と呼ばせていただきます）による、最新の調査・研究結果をとりまとめたものです。

いわゆる翻訳書の原著にあたる書籍はなく、日本の読者のための完全書き下ろしです。いま女性活躍推進に向けたさまざまな取り組みがなされている日本で、その主役たる女性たちが直面している悩みや、抱えている疑問を解決するために役立つ、さまざまなファクトを集めました。ギンカさんがこれまでに執筆された論文や、来日時あるいは世界各地で行った講演、またそのなかで引用した研究や調査結果、さらには、この本のためのインタビューや寄稿などをもとに構成されています。

この本には、大きく3つの特徴があります。

第一の特徴は、第1章に登場するように、多くの女性が（おそらく本人は気づいていないと思いますが）これからの時代を担うリーダーになる資質を備えている、と主張している点です。そして、女性がリーダーシップの資質を発揮するためには、徹底した「自己認識」と「オーセンティック・リーダーシップ」が重要だと述べています。

オーセンティック（authentic）とは「真正の、まがいものでない」という意味です。オーセンティック・リーダーシップは「自分らしいリーダーシップ」と一般的には訳されますが、「自分らしさ」という言葉そのものには幅広いとらえ方があり、ギンカさんが伝えたい「オーセンティック」をどう表現するかで苦労しました。

それは、単に「現在」のありのままの自分を活かす、ということではありません。そこには、現状に甘んじることなく日々自分を訓練する、自分の価値観に基づく理想を追求するといった意味が込められています。

ギンカさんは、ご自身の体験を例に挙げながら、次のようなエピソードも紹介してくださいました。

（私たちからはそうは見えませんが）彼女には「bulldozer（自己主張が激しい）」

な一面があるそうです。かつてＩＭＤで「ストラテジーズ・フォー・リーダーシップ」を企画して承認を得ようとしたとき、そうした面を押し出して強く主張しても反発を受けるばかりでうまくいかなかったそうですが、反対に、相手に寄り添ったコミュニケーションをとるよう心がけたところ、提案が認められたそうです。

性格は変えられないが、行動は変えられる。そして、手段と目的を取り違えないことが重要です。

第二の特徴は、これまで何百人もの女性をコーチングしてきたというギンカさんの経験に加えて、心理学や経営学など幅広い分野の最先端の研究成果が随所に紹介されているという点です。

最近では日本でも、女性の活躍をテーマにした本や記事を多く見かけますが、どちらかというと自分の体験や知人のエピソードのみに基づいた主張やアドバイスが少なくないようです。

もちろん、個人の成功体験や失敗談は大変貴重で、そこから学ぶこともたくさんあります。しかし、ある状況でうまくいったことが、他の状況でも当てはまるかといえば、必ずしもそうとはいえないと思います。私たち一人ひとり、性格も価値観も異なるからです。ある人にとっては解決策だと思われることが、他の人にとってはまったく解決策にならないこともあるでしょう。

まずは、客観的な事実の理解から始めることが出発点だと思います。

そして、第三の特徴は、女性が乗り越えていくべき課題にフォーカスしている点です。

第2章は「なぜ、私たちのまわりにはこんなにも女性管理職が少ないのか」といった問いかけで始まりますが、これはとても複雑な問題です。最近では、仕事と家庭の両立を困難にさせる長時間労働の問題や、都市部を中心とした待機児童問題など、個人ではとても解決できそうもない問題が指摘されていますが、本書では、「無意識バイアス」というより根源的な課題と、それによって女性が直面するさまざまな課題を取り上げています。

たとえば、「男性のように振る舞う女性リーダーは、なぜ支持を得られないのか」といった、私たちが普段なんとなく感じていたことの原因やメカニズムも明らかにされます。もし、そのことに悩んでいた読者なら、本書を読んで納得感や安心感が得られたのではないでしょうか。

キャリアを築いていこうと考えている女性が乗り越えなければならない課題と、その背景を丁寧に紐解き、答えを探す手助けとなるでしょう。

ギンカさんは私たちとのディスカッションのなかで、「日本の女性リーダー育成には、特別な文脈が必要だと思う」と何度も指摘されていました。そもそもリーダーになりたいと思わない女性がこれほどまでに多い国は見たことがない、というのです。

しかし、本書で述べているように、昇進することとリーダーになることは決してイコールではありません。リーダーとは、まわりの人たちを励まし、動機付けて、行動を起こすエネルギーを与えることなのです。

社会や家族、自分の身のまわりの人たちが抱えている問題を何とか解決したい、いい意味で変化をもたらす意義のある仕事をしたいと願う女性たちのひとりでも多くに、そして男性たちにも、ギンカさんの言葉が届くことを願ってやみません。

さて、私たちがギンカさんに初めてお会いしたのは、２０１５年12月でした。世界的に著名な方であるにもかかわらず、とても気さくで、長時間に及ぶインタビューにも終始、丁寧に対応してくださいました。

途中、インタビューが長くなることを予想したギンカさんは、終了後に予定していた写真撮影を先に行うよう提案します。カメラマンや周囲のスタッフにも気配りを忘れないところが、とても印象的でした。まさに、本書に登場した「２つの期待を融合させる」を実践されています。

また、ギンカさんは、私たちが送った大量の「質問メール」にも、根気強く答えてくださいました。

そんなギンカさんとの出会いと、翻訳から構成に至るまで一貫してかかわるという貴重な機会をいただけたことを心から感謝します。

最後になりましたが、ＩＭＤ北東アジア代表の高津尚志さんをはじめ、ギンカさんが主宰するプログラム「ストラテジーズ・フォー・リーダーシップ」を実際に受講されたValue & Visionの近藤美樹さんからも、たくさんのインプットをいただきました。日本経済新聞出版社の伊藤公一さんからは、さまざまなアドバイスをいただきました。

作業の過程を通じてたくさんの学びがあったこともあわせて、この場を借りて厚く御礼を申し上げます。

2016年6月

小崎亜依子、林　寿和

(注14) Kathryn Heath, Jill Flynn, & Mary Davis Holt, "Women, find your voice," *Harvard Business Review*, Vol.92, No.9, June 2014, pp.18-19.（高橋由香里訳「食い違う男女の認識　なぜ女性は経営会議で堂々と発言できないのか」『ダイヤモンド・ハーバード・ビジネス・レビュー』第40巻第4号、2015年4月、114-121頁）。

(注15) John R. P. French, & Bertram Raven, "The bases of social power" in Studies in Social Power edited by Dorwin Cartwright, Ann Arbor: *University of Michigan Press*, 1959, pp.150-167.　日本語訳作成にあたっては『グロービスMBAハンドブック改訂3版』（グロービス経営大学院、ダイヤモンド社、2008年）と『Thinkers50リーダーシップ』（スチュアート・クレイナー、デス・ディアラブ、東方雅美訳、プレジデント社、2014年）も参照した。

(注16) Linda L. Carli, "Gender, interpersonal power, and social influence," *Journal of Social Issues*, Vol.55, No.1, 1999, pp.81-99.

(注17) Herminia Ibarra, "Provisional selves: Experimenting with image and identity in professional adaptation," *Administrative Science Quarterly*, Vol.44, No.4, 1999, pp.764-791.

(注18) Donald E. Gibson, "Developing the professional self-concept: Role model construals in early, middle, and late career stages," *Organization Science*, Vol.14, No.5, October 2003, pp.591-610.

(注19) Herminia Ibarra, "Provisional selves: Experimenting with image and identity in professional adaptation," *Administrative Science Quarterly*, Vol.44, No.4, 1999, pp.764-791.　本調査は、キャリア移行期（局所的役割から包括的役割に拡大する時期）にある社員への聞き取りを行い、どのようなプロセスを経て新たな役割を獲得していくかを明らかにするために実施された。

(注20) Herminia Ibarra, "Provisional selves: Experimenting with image and identity in professional adaptation," *Administrative Science Quarterly*, Vol.44, No.4, 1999, pp.764-791.

(注21) Elisabeth Kelan, *Rising Stars: Developing Millennial Women as Leaders*, New York: Palgrave Macmillan, 2012.

(注22) 使用者によって年代の定義が異なる場合があるが、ケラン教授の著書では、1977年から1987年までのあいだに生まれた世代に焦点をあてて調査を行っている。

(注23) Herminia Ibarra, Nancy M. Carter, & Christine Silva, "Why men still get more promotions than women," *Harvard Business Review*, Vol.88, No.9, September 2010, pp.80-85.（スコフィールド素子訳「ジェンダー調査機関『カタリスト』がデータにもとづいて指摘　メンタリングでは女性リーダーは生まれない」『ダイヤモンド・ハーバード・ビジネス・レビュー』第36巻第3号、2011年3月、114-124頁）。

Trust-Implications for Management and Education," *Academy of Management Learning & Education*, Vol.10, No.4, December 2011, pp.623-642.

（注4）これは、メイヤー・デービス・スクールマンによる定義「the willingness of a party to be vulnerable to the actions of another party based on the expectation that the other party will perform a particular action important to the truster, irrespective of the ability to monitor or control the party」を踏まえたもの。くわしくは、Roger C. Mayer, James H. Davis, & F. David Schoorman, "An integrative model of organizational trust," *Academy of Management Review*, Vol.20, No.3, July 1995, pp.709-734. を参照。

（注5）Anand, N., & Jay A. Conger, "Capabilities of the consummate networker," *Organizational Dynamics*, Vol.36, No.1, 2007, pp.13-27. をもとに作成。

（注6）Sylvia Ann Hewlett, "Executive women and the myth of having it all." *Harvard Business Review*, Vol.80, No.4, April 2002, pp.66-73.　ヒューレット博士が行った調査は、同時期に刊行された同博士の著書（Sylvia Ann Hewlett, *Creating a life: Professional women and the quest for children*, New York: Talk Miramax Books, 2002.）に、よりくわしく記述されている。

（注7）Anne-Marie Slaughter, "Why Women Still Can't Have It All?," *The Atlantic*, July/August, 2012, pp.85-102.

（注8）Louann Brizendine, "One Reason Women Don't Make It to the C-Suite," *Harvard Business Review*, Vol.86, No.6, June 2008, pp.36.

（注9）Deborah A. O'Neil, Margaret M. Hopkins, & Diana Bilimoria, "Women's careers at the start of the 21st century: Patterns and paradoxes," *Journal of Business Ethics*, Vol.80, No.4, July 2008, pp.727-743.

（注10）Lisa A. Mainiero, & Sherry E. Sullivan, "Kaleidoscope careers: An alternate explanation for the "opt-out" revolution," *Academy of Management Executive*, Vol.19, Nol.1, February 2005, pp.106-123.

（注11）James G. Hollandsworth, & Kathleen E. Wall, "Sex differences in assertive behavior: An empirical investigation," *Journal of Counseling Psychology*, Vol.24, No.3, May 1977, pp.217-222.

（注12）積極性に関する尺度のひとつ「Adult Self Expression Scale」の各項目について分析が行われた。

（注13）Linda Babcock, Sara Laschever, Michele Gelfand, & Deborah Small, "Nice girls don't ask," *Harvard Business Review*, Vol.81, No.10, October 2003, pp.14-16.（「女性はもっと交渉すべき」『ダイヤモンド・ハーバード・ビジネス・レビュー』第29巻第2号、2004年2月、12-14頁）。

バード・ビジネス・レビュー』2007年9月、62-75頁)。

(注9) Lauren Zalaznick, "The Best Advice I Ever Got," *Fortune International*, July 6, 2009, pp.35.

(注10) 肩書はインタビュー当時のもの (2010年2月)。

(注11) Adam Bryant, "Now, Put Yourself in My Shoes," *New York Times*, February 6, 2010.

(注12) Ginka Toegel & Jean-Louis Barsoux, "How to Become a Better Leader," *MIT Sloan Management Review*, Vol.53, No.3, 2012, pp.51-60.

(注13) M. Harrison, "Space Is Not the Final Frontier for the Virgin Boss," *Independent*, December.11, 2004.

(注14) G. Rifkin, "How Richard Branson Works Magic," *Strategy + Business*, Issue 13, November 1998, pp 53-59.

(注15) K.Howe, "On the Record: Carol Bartz," *San Francisco Chronicle*, February 15, 2004.

(注16) Adam Bryant, "Structure? The Flatter, the Better," *New York Times*, January 16, 2010.

(注17) Lisa Mitchell, "Ten Things I Don't Put on My CV: Sue Murray," *Age*, October 25, 2008.

(注18) Daan van Knippenberg, David De Cremer, & Barbara van Knippenberg, "Leadership and Fairness: The State of the Art," *European Journal of Work and Organizational Psychology*, Vol.16, No.2, March 2007, pp.113-140.

(注19) Adam D. Galinsky & Gavin J. Kilduff, "Be Seen as a Leader", *Harvard Business Review*, Vol.91, No.12, December 2013, pp.127-30. (東方雅美訳「第一印象が勝負を決める　初対面でリーダーと目される方法」『ダイヤモンド・ハーバード・ビジネス・レビュー』第39巻第5号、2014年5月、130-136頁)。

(注20) Amy Cuddy, "Your body language shapes who you are," TED, October 2012.

第4章 キャリアを前進させる8つのアドバイス

(注1) IMD, Strategies for Leadership: Empowering women executives.

(注2) Herminia Ibarra, & Otilia Obodaru, "Women and the vision thing," *Harvard Business Review*, Vol.87, No.1, January 2009, pp.62-70. (有賀裕子訳「149カ国2816人の360度評価データが示す女性リーダーに唯一欠けている力」『ダイヤモンド・ハーバード・ビジネス・レビュー』第34巻第3号、2009年3月、110-124頁)。「構想力」の定義は、邦訳版114頁から引用。

(注3) Dianne Bevelander, & Michael John Page, "Ms. Trust: Gender, Networks and pp.177-186.

（注 22）Pamela L. Perrewé, & Debra L. Nelson, "Gender and Career Success: The Facilitative Role of Political Skill," *Organizational Dynamics*, Vol.33, No.4, November 2004, pp.366-378.

第3章 性格は変えられないが、行動は変えられる

（注1）Adam Bryant, "O.K., Newbies, Bring Out the Hula Hoops," *New York Times*, June 11, 2010.

（注2）Bill George, Peter Sims, Andrew N. McLean, & Diana Mayer, "Discovering Your Authentic Leadership," *Harvard Business Review*, Vol.85, No.2, February 2007, pp.129-131.（村井裕訳「『自分らしさ』のリーダーシップ」『ダイヤモンド・ハーバード・ビジネス・レビュー』2007 年 9 月、62-75 頁）。調査対象者は 23 ～ 93 歳で、10 歳ごとに区切った年代別にそれぞれ 15 人以上が含まれている。人種、宗教、国籍などで多様なバックグラウンドを持つ男女が含まれており、125 人のうちの半数は CEO、残りは企業や非営利団体のリーダーである。

（注3）Rob Goffee & Gareth Jones, "Managing Authenticity: The Paradox of Great Leadership," *Harvard Business Review*, Vol.83, No.12, December 2005, pp.87-94.（鈴木泰雄訳「優れたリーダーは自分の『持ち味』を管理する」『ダイヤモンド・ハーバード・ビジネス・レビュー』2006 年 9 月、100-111 頁）。

（注4）小塩真司、阿部晋吾、カトローニピノ「日本語版 Ten Item Personality Inventory（TIPI-J）作成の試み」『パーソナリティ研究』第 21 巻第 1 号、2012 年、40-52 頁。

（注5）Gosling, S. D., Rentfrow, P. J., & Swann, W. B., Jr., "A Very Brief Measure of the Big Five Personality Domains," *Journal of Research in Personality*, Vol.37, 2003, pp.504-528.

（注6）Thomas J. Bouchard, Jr., & Matt McGue, "Genetic and Environmental Influences on Human Psychological Differences," *Journal of Neurobiology*, Vol.54, No.1, January 2003, pp.4-45.

（注7）Jule Specht, Boris Egloff, & Stefan C. Schmukle, "Stability and Change of Personality Across the Life Course: The Impact of Age and Major Life Events on Mean-Level and Rank-Order Stability of the Big Five," *Journal of Personality and Social Psychology*, Vol.101, No.4, October 2011, pp.862-882.

（注8）Bill George, Peter Sims, Andrew N. McLean, & Diana Mayer, "Discovering Your Authentic Leadership," *Harvard Business Review*, Vol.85, No.2, February 2007, pp.129-131.（村井裕訳「『自分らしさ』のリーダーシップ」『ダイヤモンド・ハー

No.41, October 9, 2012, pp.16474-16479.

（注９）ラボマネジャーとは、研究室（所）がうまく機能するために、室員のスケジュール管理や研究室の安全性の確保、研究のための機器や材料の管理、予算の管理、ラボヘッドと研究員との関係調整などの業務を担当する正式な職である（日本生化学会のウェブページより）。

（注10）Joanne Martin, "Gender-Related Material in the New Core Curriculum," January 1, 2007.; Joyce Routson, "Heidi Roizen: Networking Is More Than Collecting Lots of Names," November 1, 2009.; Sonia Muir, "Heidi versus Howard–perception barrier to be hurdled: Commissioner," *Agriculture Today*, March, 2012.

（注11）Devon Proudfoot, Aaron C. Kay, & Christy Z. Kova, "A Gender Bias in the Attribution of Creativity Archival and Experimental Evidence for the Perceived Association Between Masculinity and Creative Thinking." *Psychological Science*, Vol.26, No.11, November 5, 2015, pp.1751-1761.

（注12）Timothy A. Judge, & Daniel M. Cable, "When it comes to pay, do the thin win? The effect of weight on pay for men and women," *Journal of Applied Psychology*, Vol.96, No.1, January 2011, pp.95-112.

（注13）Claudia Goldin, & Cecilia Rouse, "Orchestrating impartiality: The impact of "blind" auditions on female musicians," *American Economic Review*, Vol.90, No.4, September 2000, pp.715-741.

（注14）全米５大オーケストラは、クリーブランド管弦楽団、シカゴ交響楽団、ニューヨーク・フィルハーモニック、フィラデルフィア管弦楽団、ボストン交響楽団。

（注15）オーケストラによって異なるが、全米５大オーケストラなどでは通常、１次審査と２次審査、最終審査の３段階で審査が行われる。

（注16）Richard F. Martell, David M. Lane, & Cynthia Emrich, "Male-female differences: A computer simulation," *American Psychologist*, Vol.51, No.2, February 1996, pp.157-158.

（注17）Georges Desvaux, Sandrine Devillard-Hoellinger, & Mary C. Meaney, "A business case for women," *McKinsey Quarterly*, September 2008.

（注18）同上。

（注19）Stephen Moss, "Shirley Williams: 'I didn't think I was good enough to be leader'," *Guardian*, October 19, 2009.

（注20）ユニリーバのブランド「ダヴ」のキャンペーン動画「ダヴ：リアルビューティースケッチ　あなたは自分が思うよりもずっと美しい」（2013年）。

（注21）Marie-Hélène Budworth, & Sara L. Mann, "Becoming a leader: the challenge of modesty for women," *Journal of Management Development*, Vol.29, No.2, 2010,

(注12) Alice H. Eagly, Mary C. Johannesen-Schmidt, & Marloes L. van Engen, "Transformational, transactional, and laissez-faire leadership styles: a meta-analysis comparing women and men," *Psychological Bulletin*, Vol.129, No.4, July 2003, pp.569-591.

(注13)「心の知能（Emotional Intelligence Quotient：EQ)」とは、自己や他者の感情を知覚し、自分の感情をコントロールする知能のことを指す。知能の多寡を数字で示したものが「知能指数（Intelligence Quotient：IQ)」であるのに対して「心の知能指数」と呼ばれている。

第2章 なぜ女性は評価されないのか

（注1）ILO, "Women in Business and Management: Gaining momentum," January 2015.

（注2）2014年12月時点。女性の代表執行役を含む。東京商工リサーチ「2014年『全国女性社長』調査」、日本取引所グループ「統計月報」を参照。

（注3）「ジェンダー・クオータ制」とは、取締役会などの一定割合を女性が占めるようにすることを法令等で義務付ける制度。ノルウェーでは2008年に世界で初めて、すべての上場会社に対して取締役会の少なくとも40%を女性にすることを義務付ける法律が成立した。成立当初は、同法が同国の経済や企業競争力に悪影響を及ぼすことも懸念されたが、実際にはそうなっていない。むしろ、IMDが毎年公表している国際競争力指数においてノルウェーは上昇傾向にある。

（注4）Alice. H Eagly, Linda L. Carli, "Women and the labyrinth of leadership," *Harvard Business Review*, Vol.85, No.9, September 2007, pp.62-71.（有賀裕子訳「『ガラスの天井』ではなく『キャリアの迷宮』が問題　なぜ女性リーダーが少ないのか」『ダイヤモンド・ハーバード・ビジネス・レビュー』第33巻第6号、2008年6月、24-39頁）。

（注5）McKinsey & Company, "Women Matter 2013-Gender diversity in top management: Moving corporate culture, moving boundaries," November 2013.

（注6）Joan C. Williams, & Rachel Dempsey, *What Works for Women at Work: Four Patterns Working Women Need to Know*, New York: New York University Press, 2014.

（注7）Nancy M. Carter, & Christine Silva, "The Myth of the Ideal Worker: Does Doing All the Right Things Really Get Women Ahead?," 2011.

（注8）Corinne A. Moss-Racusina, John F. Dovidiob, Victoria L. Brescollc, Mark J. Grahama, & Jo Handelsman, "Science faculty's subtle gender biases favor male students," *Proceedings of the National Academy of Sciences*, Vol.109,

注

第1章 女性であることが、あなたの強み

（注1）John A. Byrne, & Ronald Grover, "Mattel's Lack of Action Figures," *Business Week*, February 21, 2000.

（注2）Kathleen Morris, "The Rise of Jill Barad," *Business Week*, May 25, 1998, pp.112-119.

（注3）Paula Burkes Erickson, "Research Shows Female Executives Not Successful When They Act Like Men," *Daily Oklahoman*, October 5, 2003.

（注4）Laurie A. Rudman, Corinne A. Moss-Racusin, Julie E. Phelan & Sanne Nauts, "Status incongruity and backlash effects: Defending the gender hierarchy motivates prejudice against female leaders", *Journal of Experimental Social Psychology*, Vol.48, No.1, January 2012, pp.165–179.

（注5）アメリカでは832人を対象に実施した。うち406名は男性、415名は女性、性別を明記しなかった者が11名。また、44%は白人、31%はアジア人、８%は黒人、残り８%はその他の人種である。

（注6）ここで用いられている効果量はCohen's dである。

（注7）土肥伊都子「男らしさ・女らしさ」『朝倉心理学講座14　ジェンダー心理学』（福富護編、朝倉書店、2006年、105-120頁）を参照。

（注8）Madeline E. Heilman, and Julie J. Chen, "Same Behavior, Different Consequences: Reactions to Men's and Women's Altruistic Citizenship Behavior," *Journal of Applied Psychology*, Vol.90, No.3, May 2005, pp.431-441.

（注9）英語圏では、ジレンマやパラドキシカルな状況を「キャッチ=22」「キャッチ=22的状況」と表現することがある。「キャッチ=22」という言葉は、アメリカの小説家ジョーゼフ・ヘラーが1961年に発表した小説『キャッチ=22』のタイトルに由来する。

（注10）Chad Terhune, "Women to Watch," *Wall Street Journal*, November 8, 2004.

（注11）政治史研究家のジェームス・マクレガー・バーンズが「交換型リーダーシップ」と「変革型リーダーシップ」という言葉を初めて用い、その後、多くの研究者がバーンズのコンセプトを引き継いだ。変革型リーダーシップを構成する４つの資質を提唱したのは、バーナード・M・バスである。James MacGregor Burns, *Leadership*, New York: HarperCollins, 1978.; Bernard M. Bass, *Leadership and performance beyond expectations*. New York: Free Press, 1985.; Bernard M. Bass, *Transformational leadership: Industry, military, and educational impact*, New Jersey: Lawrence Erlbaum Associates 1998.

■著者紹介

ギンカ・トーゲル（Ginka Toegel）

スイスのビジネススクールIMD教授。女性企業幹部が現在の職務でより成功し、自信を持って新しい任務に取り組んでいけるように指導する「Strategies for Leadership」プログラムのディレクター。グローバル企業や国際機関で、リーダーシップ開発の教育研修や、ダイバーシティを経営に生かす取り組みの指導も行っている。専門は組織行動とリーダーシップ。

■訳者紹介

小崎亜依子（こざき・あいこ）

株式会社Warisで、フレキシブルに働きたいプロフェッショナルな女性の支援と新しい働き方の提案を行う。1996年慶應義塾大学総合政策学部卒業。2002年ピッツバーグ大学公共政策国際関係大学院修了（公共政策マネジメント修士）。野村アセットマネジメント株式会社、株式会社日本総合研究所を経て15年より現職。

林寿和（はやし・としかず）

株式会社日本総合研究所で、環境・社会・ガバナンス（ESG）を考慮した投資や融資の実践の支援と、その一環として女性活躍や組織の多様性と企業価値についての調査研究を行う。2005年京都大学工学部卒業、10年エジンバラ大学大学院修了（経済学修士）、11年ケンブリッジ大学経営大学院修了（技術政策修士）。文部科学省を経て12年より現職。

女性が管理職になったら読む本

「キャリア」と「自分らしさ」を両立させる方法

2016年6月22日　1版1刷

著　者　ギンカ・トーゲル

訳・構成　小崎亜依子
林　寿和
発行者　斎藤修一

発行所　日本経済新聞出版社
http://www.nikkeibook.com/
東京都千代田区大手町1-3-7　〒100-8066
電話　03-3270-0251（代）

印刷・製本　中央精版印刷
ISBN978-4-532-32065-2 Printed in Japan

日本経済新聞出版社の好評既刊書

LEAN IN（リーン・イン）
女性、仕事、リーダーへの意欲
シェリル・サンドバーグ／村井章子　訳

全米大ベストセラーの話題作！　フォーチュン誌が選ぶ「世界で最も有力な女性50人」の一人、フェイスブックCOOのシェリル・サンドバーグが、女性リーダーと男性リーダーへ贈る強いメッセージ。

●1600円

不格好経営
チームDeNAの挑戦
南場智子

なぜ途中で諦めなかったのか、いかにしてチーム一体となって愚直に邁進してきたか。創業時の大失態や成長過程での七転八倒、資金集めの苦労など、ネット界に革命を起こしたDeNAの素顔をいま創業者が明らかにする。

●1600円

ストレングス・リーダーシップ
さあ、リーダーの才能に目覚めよう
トム・ラス、バリー・コンチー／田口俊樹、加藤万里子　訳

ジョブズを真似ても成功できない。自分のやり方でジョブズを目指せ！　あなたの強みを武器に、あなたならではの「リーダーの才能」に目覚めよう。47万部突破のロングセラー『さあ、才能に目覚めよう』のリーダー編。

●1800円

最高のリーダー、マネジャーがいつも考えているたったひとつのこと
マーカス・バッキンガム／加賀山卓朗　訳

リーダーは情熱的でなくても魅力的でなくてもいい。弁舌に長けていなくてもいい。どこを目指しているか、いま何をすべきかだけを示せればいい。トップクラスの人達だけが知っているたったひとつのことを明らかにする。

●1900円

NVC　人と人との関係にいのちを吹き込む法
マーシャル・B・ローゼンバーグ／安納献　監訳、小川敏子　訳

暴力や対立を取り除き、自分の感情と要求を正しく伝える。子育てや教育、ビジネス、国際紛争の現場で、コーチングよりはるかにシンプルで効果的なコミュニケーション手法として注目されている「NVC」を紹介する。

●1800円

●価格はすべて税別です